SVENJA PREUSTER

GREEN CAMPING

Mit *Fräulein Öko* umweltbewusst draußen Urlaub machen

Das steht im Buch

Über die Autorin 8
Warum überhaupt nachhaltig campen? 14

GROSSE ENTSCHEIDUNGEN 22
Tipps für den Fahrzeugkauf 24
Das Fahrzeug ökologisch ausbauen 30
Materialwahl – eine Frage des Gewichts 32
Umweltfreundliche Materialien 36
Energieversorgung 42
Klimaanlage, Ventilator oder Fenster 48

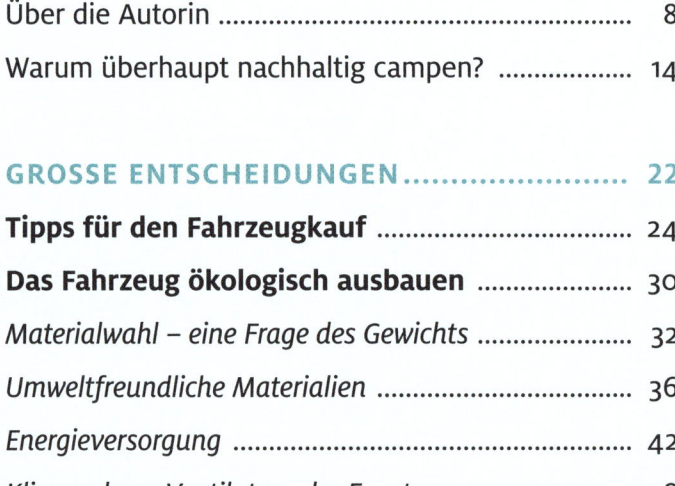

INHALT

Ökologische Toilette	50
Campingdusche	52
Ausstattung des Fahrzeugs	56
Campingküche	58
Nachhaltiges Campingzubehör	62
TIPPS FÜR UNTERWEGS	**70**
Los geht's: Packen und Starten	72
Kein unnötiger Ballast	74
Spritsparend fahren	75
Einkaufen und Kochen	78
Einkauf von Lebensmitteln	80

Saisonkalender 82

Nachhaltig kochen und einfache Rezepte 90
Müll in der Küche vermeiden 104

Sauberkeit und Putzen 114
Das Problem mit dem Abwasser 117
Ökologisch Geschirr spülen 118
Umweltfreundlich reinigen 120
Wäsche waschen 124

Hygiene und Kosmetik 128
Plastikfreie Körperpflege und einfache Rezepte 130

Faire und nachhaltige Kleidung 146
Campinggarderobe 149
Kaufverhalten und secondhand 150

NACHHALTIGE CAMPINGPLÄTZE 158

INHALT

VERHALTEN IN DER NATUR........................ 176

Naturverträglicher Aufenthalt............................... 178

Abseits der Campingplätze: Verhaltensregeln 180

Müll sammeln 184

Das Fahrzeug auch mal stehen lassen 186

Geschafft! 188

Register 190

»Fräulein Öko«, Greenfluencerin und YouTuberin in Sachen Umweltschutz

Svenja Preuster

* FRÄULEIN ÖKO *

Hey, ich bin Svenja und 25 Jahre alt. Aufgewachsen bin ich im schönen Thüringer Wald, in einem kleinen Ort namens Friedrichroda. Ich wollte schon immer Erzieherin werden und habe dann parallel zur Ausbildung angefangen, YouTube-Videos zu drehen, anfangs vor allem zu den Themenbereichen Kosmetik und Mode. Mit 18 interessierte ich mich mehr und mehr für das Thema Nachhaltigkeit und nahm dabei auch meine Zuschauer*innen mit. Ich wechselte von herkömmlichen Kosmetikprodukten zu Naturkosmetik, versuchte unnötige Verpackungen zu vermeiden und so viel wie möglich gebraucht zu kaufen. Mittlerweile gebe ich jeden Sonntag in einem neuen Video meine Tipps für ein nachhaltigeres Leben weiter. Neben meinem großen Interesse für Umweltschutzthemen koche ich sehr gern, liebe das Tanzen und spiele Volleyball. Den besten Reisebegleiter habe ich vor sieben Jahren kennengelernt und bin mit ihm nach Hessen gezogen. Vor fast drei Jahren haben wir uns einen Van gekauft, auf den Namen Milo getauft und ausgebaut. Natürlich sollte auch dieser so nachhaltig wie möglich ausgestattet werden. Wie wir das gemacht haben und welche Tipps du allgemein im Campingalltag befolgen kannst, erfährst du im vorliegenden Band.

Romantikerlebnis Sonnenuntergang:
So klingt ein perfekter Campingtag aus.

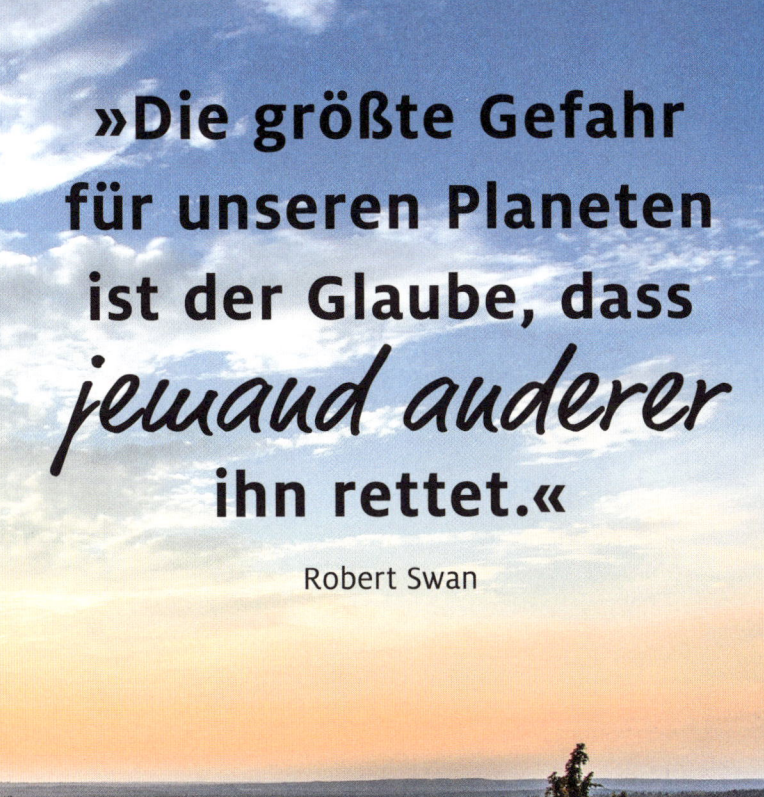

»Die größte Gefahr für unseren Planeten ist der Glaube, dass *jemand anderer* ihn rettet.«

Robert Swan

Kaffeepause im Grünen – achte darauf, keinen Müll zu hinterlassen

Warum überhaupt nachhaltig campen?

EIN PAAR ERFAHRUNGEN UND FAKTEN ZU DEN AKTUELLEN UMWELTPROBLEMEN

Camping im Einklang mit der Natur ist eine der umweltfreundlichsten Arten, seinen Urlaub zu verbringen, und noch dazu eine der schönsten. Doch Campen mit einem Fahrzeug – kann das nachhaltig sein? Und wenn ja, bringt es der Umwelt überhaupt etwas?

Klar, Campen mit einem Fahrzeug ist nicht die ökologischste Art, Urlaub zu machen. Am klimafreundlichsten sind Radtouren, Wanderungen, Reisen mit Zug und Fernbus oder eben gar kein Urlaub. Auch Campingurlaub im Zelt ist eine umweltverträgliche Alternative, die ich nur jedem empfehlen kann. Mein Freund und ich sind für ein paar Wochen mit Zug, Klappfahrrädern und Zelt durch Österreich, Slowenien und Kroatien gereist – eine tolle Erfahrung und neben dem klassischen Backpacking, also Reisen nur mit Rucksack, eine der Optionen, möglichst wenig CO_2 zu verursachen. Denn Kohlenstoffdioxid ist leider einer der Hauptgründe für die aktuelle menschengemachte Klimaerwärmung. Dieses entsteht bei der Verbrennung

> »Handelt so, als würde es einen Unterschied machen, denn das tut es!«
> William James

von fossilen Brennstoffen, also Kohle, Gas und Erdöl. Treiber der Klimaerwärmung gibt es viele, neben der Mobilität unter anderem auch Stromerzeugung, Heizen, Landwirtschaft, Regenwaldrodungen, Massentierhaltung und unser Konsum. Klimaschutz geht uns also alle an, denn jeder Mensch, und ganz besonders wir, die wir auf der nördlichen Halbkugel leben, trägt zur aktuellen Situation seinen Anteil bei.

Ich werde oft gefragt, ob nicht alle meine Bemühungen, möglichst nachhaltig zu leben, sinnlos sind, wenn ich doch mit einem Campervan verreise. Diese Frage ist im ersten Moment durchaus nachvollziehbar, führt aber im Endeffekt dazu, dass viele Menschen sich gar nicht erst um Nachhaltigkeit bemühen, weil sie das Gefühl haben, nichts bewirken zu können. Aber das stimmt natürlich nicht. Es macht einen großen Unterschied, ob viele Menschen kleine nachhaltige Schritte tun oder nur ein paar wenige, diese aber perfekt nachhaltig leben – was übrigens fast unmöglich ist. Wenn wir aber alle unsere Hände in den Schoß legen und nichts tun, ändert sich auch nichts, so viel steht fest. Da es so viele Menschen gibt, die mit ihrem Wohnmobil oder -wagen unterwegs sind, einen Campervan ausgebaut haben oder noch ausbauen wollen, macht es sehr wohl einen Unterschied, auch bei diesem Thema möglichst ökologische Entscheidungen zu treffen.

WARUM NACHHALTIG CAMPEN?

Wie können wir also möglichst nachhaltig leben und dies auch im Urlaub umsetzen? Die oben genannten Möglichkeiten sind optimal, aber leider nicht für alle Reisenden geeignet. Zu Fuß unterwegs oder auf zwei Rädern, nachts nur von einem Zelt geschützt – das passt nicht zu jedem, und das ist auch vollkommen okay. Da für viele – wie auch für mich – gar kein Urlaub ebenfalls keine Lösung ist, sind Wohnmobil, -wagen oder Campervan verglichen mit einem Flug oder einer Kreuzfahrt die deutlich bessere Wahl. Auch im Vergleich zu einem Hotelaufenthalt ist der Wasser- und Stromverbrauch in einem Fahrzeug deutlich geringer, du bist langsamer unterwegs und hast nur das Nötigste dabei. Platz für viele neue Anschaffungen gibt es nicht, das spart Ressourcen und schont das Klima. Sei dir dennoch bewusst, dass du CO_2 verursachst – möglichst kraftstoffsparend zu fahren ist daher besonders wichtig, Tipps dazu findest du natürlich ebenfalls im vorliegenden Buch.

Klimaschädliche Treibhausgase sind aber nicht das Einzige, was es zu vermeiden gilt, denn dass wir ein enormes Müllproblem haben, merke ich besonders in der Natur. Es gibt kaum mehr einen Ort, der komplett

frei von Abfällen ist. Besonders Plastikmüll verbreitet sich mittlerweile überall, und er wird auch nicht so schnell verschwinden. Plastik wird in sehr vielen Bereichen eingesetzt, und eine Welt ohne Plastik ist wahrscheinlich gar nicht mehr möglich. In der Medizin etwa können damit Utensilien keimfrei verpackt werden. In anderen Bereichen sind die Auswirkungen der Plastikherstellung und -verwendung dafür umso fataler, wie beispielsweise in der Natur. Kunststoffe werden aus Erdöl hergestellt, dessen Gewinnung allein schon mit großen Umweltzerstörungen verbunden ist, etwa bei Tiefseebohrungen in den Meeresböden. Bei der Produktion von Kunststoffen sind Zusätze nötig wie etwa Flammschutzmittel oder Weichmacher. Diese Stoffe gasen mit der Zeit aus oder gehen durch Kontakt mit Wasser oder Fett in Lebensmittel über. Insbesondere Weichmacher stehen im Verdacht, wie Hormone im Körper zu wirken und mögliche Auswirkungen auf unsere Fruchtbarkeit zu haben.

Auszeit in der Hängematte

In der Natur kommt Plastik überhaupt nicht vor, es ist somit ein Fremdkörper, der auf die verschiedenen Ökosysteme wirkt. Jährlich sterben nach groben Schätzungen Zehntausende Tiere, weil sie entweder Plastikmüll mit Nahrung verwechseln oder sich darin verheddern und dann verenden. Denken wir an Umweltverschmutzung durch Plastik, fällt uns meist zuerst das Meer ein. Das mutet für viele sehr weit weg an, und wir können uns nur schwer vorstellen, dass wir daran beteiligt sind. Der meiste Müll, der im Meer landet, kommt aber vom Land. Achtlos weggeworfen, landet er in Flüssen und gelangt so ins Meer. Allein der Rhein transportiert schätzungsweise 380 000 Tonnen Kunststoff pro Jahr in die Nordsee. Das ist angesichts der Menge an Müll eigentlich kein Wunder. In Deutschland fallen jedes Jahr über fünf Millionen Tonnen Plastikabfall an. Das bemerken wir gar nicht, denn über die Hälfte wird thermisch verwertet, also verbrannt. Vom Rest wird noch etwa die Hälfte ins Ausland exportiert, tatsächlich recycelt werden gerade einmal 15,6 Prozent. Recycling ist oft gar nicht möglich, weil verschiedene Plastiksorten gemischt werden und dieses Gemisch bei der Wiederverwertung in hohem Maß an Qualität einbüßt.

Grillen gehört für viele zum echten Campingerlebnis – es geht auch müllfrei.

Aber wie können wir unser Müllproblem dann in den Griff bekommen? Müll zu vermeiden, bevor er überhaupt entsteht, ist bisher die beste Möglichkeit. Das klingt vielleicht schwierig, aber ich möchte dir in diesem Buch zeigen, dass es keineswegs kompliziert ist, auch im Urlaub funktioniert und du dabei sogar Geld sparen kannst.

In den folgenden Kapiteln findest du eine Menge Tipps, wie du unterwegs nachhaltige Entscheidungen treffen kannst. Dabei kannst du dir aussuchen, was am besten zu dir passt. Setz dich nicht unter Druck, du wirst nicht alles sofort umsetzen können – ich habe ein paar Jahre dafür gebraucht. Du hast aber mit diesem Buch den entscheidenden Vorteil, mein gesammeltes Wissen vor dir liegen zu haben. Bist du bereit, die Welt Stück für Stück ein bisschen besser zu machen?

Na dann los!

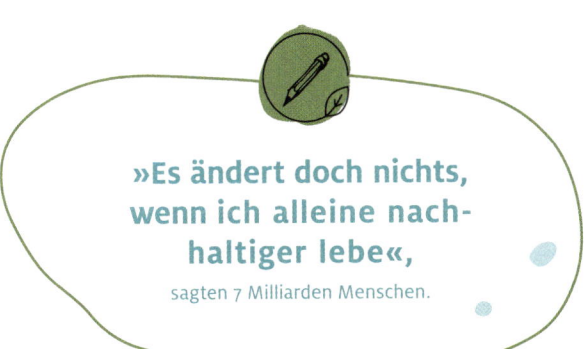

»Es ändert doch nichts, wenn ich alleine nachhaltiger lebe«,

sagten 7 Milliarden Menschen.

Der Traum von Freiheit: unterwegs mit dem Campervan

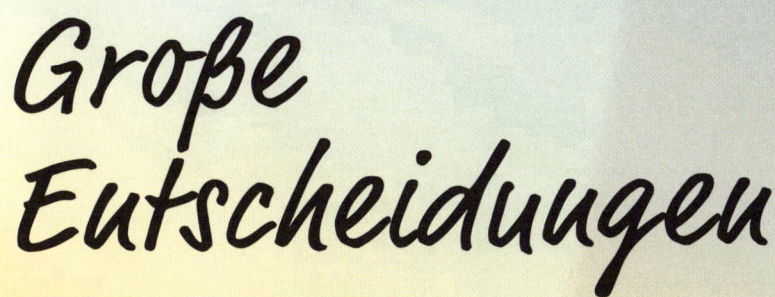

Große Entscheidungen

NACHHALTIGES REISEN BEGINNT NICHT ERST AUF DEM WEG IN DEN URLAUB. EINE WICHTIGE FRAGE KANNST DU DIR BEREITS IM VORFELD ÜBERLEGEN: WAS HÄLT EIGENTLICH DIE NATUR VON MEINEM CAMPERVAN?

TIPPS
für den Fahrzeugkauf

Das ist unser Campervan Milo, den wir vor fast drei Jahren gebraucht gekauft haben.

Das passende Fahrzeug

Jahr für Jahr werden neue Wohnmobile und Camper auf den Markt geworfen. Anstatt ein neues Gefährt »von der Stange« zu kaufen, kannst du dich auch für ein gebrauchtes entscheiden und nach den eigenen Vorstellungen und Bedürfnissen ausbauen.

Das perfekte Fahrzeug für den Camperausbau zu finden ist jedoch gar nicht so leicht. Hier gibt es nicht das eine Modell, das für jeden passt, da Ansprüche und Wünsche individuell und unterschiedlich sind. Ein paar allgemeingültige Tipps und Hinweise können aber nützlich sein, besonders wenn du noch keine großen Erfahrungen mit dem Kauf von (gebrauchten) Fahrzeugen hast.

Grundsätzlich empfehle ich dir, nach einem gebrauchten Transporter Ausschau zu halten. Das geht zum Beispiel über diverse Onlineplattformen, bei eBay Kleinanzeigen oder gewerblichen Händler*innen in deiner Nähe. Wir hatten uns für Letzteres entschieden und bei mobile.de gesucht.

Tipp: Es gibt auch eine tolle und sehr hilfreiche Checkliste des ADAC zum Thema Gebrauchtwagenkauf, du findest diese, wenn du im Internet nach »ADAC Gebrauchtwagen-Checkliste« googelst.
Der TÜV bietet außerdem für kleines Geld einen Gebrauchtwagencheck an, eventuell kannst du das mit einer Probefahrt verbinden, bei der du den Profi auf das Fahrzeug schauen lässt.

WAHL DES FAHRZEUGMODELLS

Zunächst musst du aber wissen, nach welchem Fahrzeugmodell du überhaupt suchen willst. Beliebt sind zum Beispiel Ford Transit, VW T4/T5 oder Crafter, ebenso Mercedes Sprinter. Hier gibt es diverse Unterschiede in Höhe und Länge, die gängigsten Maße sind L2H2, wobei L2 für mittlere Länge und mittleren Radstand, H2 für Hochdach steht. Diese Maße hat auch unser Renault Master. Wir können beide bequem darin stehen und quer liegen, da wir beide unter 1,70 m groß sind.

Auch Oldtimer sind sehr beliebt, gerade wenn du gerne bastelst und auch viele Dinge selbst reparieren willst. Du solltest aber bedenken: Bei Oldtimern ist der Kraftstoffverbrauch oft deutlich höher und der Schadstoffausstoß entsprechend leider auch.

DER WEG ZUR KAUFENTSCHEIDUNG

Schau dir das Fahrzeug in Ruhe an und hör auch auf dein Bauchgefühl. Ist die verkaufende Person ehrlich, versucht sie, dir das Fahrzeug anzudrehen? Hast du einen guten Eindruck? Schau dir mehrere Transporter an, dann schlaf erst noch mindestens eine Nacht darüber. Wir haben uns drei Exemplare angeschaut und am Ende den ersten genommen. Trau dich dann ruhig, über den Preis zu verhandeln, die meisten Verkäufer*innen haben einen Spielraum, besonders Händler*innen, so kannst du unter Umständen noch ein paar Euro sparen.

TIPPS FÜR DEN FAHRZEUGKAUF

Beim Gebrauchtwagenkauf gibt es ein paar Dinge, auf die du beim Begutachten des Fahrzeugs und bei der Probefahrt achten solltest:

- Kilometerstand (wir haben nach etwas unter 250 000 km gesucht)
- Baujahr
- Umweltplakette (sollte grün sein)
- Wofür wurde das Fahrzeug bisher genutzt?
- Rost (such überall, leg dich auch mal unter das Auto)
- Öl, tropft es irgendwo?
- Fahrgeräusche, Gangschaltung, wie springt das Fahrzeug an?
- Wie lange hast du Zeit bis zur nächsten Hauptuntersuchung durch den TÜV?
- Maximal zugelassenes Gewicht (am besten 3,5 t bei Transportern, dann kannst du es mit dem »normalen« Führerschein der Klasse B fahren)?
- Profiltiefe der Reifen
- Beulen, Dellen, Kratzer, Steinschläge?
- Funktionieren alle Lichter?
- Teste alle Funktionen/Geräte: Radio, Heizung, Scheibenwischer, Fensterheber etc.!
- Öffne alle Türen und Fenster, überprüf die Funktionalität!

DAS FAHRZEUG
ökologisch ausbauen

Materialwahl – eine Frage des Gewichts

Probesitzen am Esstisch

Du bist nun stolze*r Besitzer*in eines Fahrzeugs und willst es in ein kuscheliges Zuhause für unterwegs verwandeln. Beim Ausbau des Fahrzeugs ist es wichtig, das maximal zulässige Gesamtgewicht nicht aus den Augen zu verlieren. Denn durch die verbauten Materialien erhöht sich das Gewicht des Fahrzeugs. Wir hatten vor unserem Ausbau Sorge, dass mit dem zusätzlichen Gewicht der Spielraum bis zum maximal zulässigen Gesamtgewicht des Fahrzeugs knapp werden könnte. Diese Befürchtung war bei uns rückblickend unbegründet, unser Camper Milo wies ein Leergewicht von ca. 1,8 Tonnen auf, mit dem Ausbau sind wir jetzt bei ungefähr 2,4 Tonnen angelangt. Wir haben also noch eine Tonne Luft für Gepäck, Fahrräder, Wasser, Kraftstoff usw. Das ist von Vorteil, nicht weil wir so viel mitnehmen wollen, sondern weil ein geringeres Gewicht im Sinne des Umweltschutzes auch einen geringeren Kraftstoffverbrauch zur Folge hat.

LEICHTGEWICHTE VERBAUEN

Leichte Materialien zu wählen ist gar nicht so schwer, wir haben beim Bau der Möbel, mit denen wir den Campervan ausstatten wollten, viel Pappel- und Kiefersperrholz genutzt. Die Wände haben wir mit dünnen Pappelsperrholzplatten verkleidet und Rollenkork darauf verklebt, das spart zusätzlich Gewicht, und ich finde die Optik von Kork sehr ansprechend.

Tipp: Bei einigen Entscheidungen ist die Langlebigkeit und Nachhaltigkeit des Materials allerdings wichtiger als das Gewicht, so haben wir etwa einen Frischwassertank aus Edelstahl anstelle der leichteren Plastikvariante verbaut.

Generell unterschätzen wir Handwerkerlaien oft die Stabilität von Holzkonstruktionen: Die dickste Platte, die wir zum Bau unserer Möbel verwendet haben, war ein Regalbrett, das wir im Küchenschrank verbaut haben und das eine Stärke von 12 mm aufweist. Dort sind viele Töpfe, Teller und Gläser, also die schwereren Küchenutensilien untergebracht. Doch stärker muss das Material meist nicht sein und hält dennoch den Anforderungen zur Genüge stand.

Wir haben uns außerdem dazu entschieden, auf unsere Bodenplatte Korkplatten zu kleben, da diese etwas leichter als beispielsweise Laminat sind. Zudem haben wir auf die Seitenverkleidung hinter den eingebauten Möbeln verzichtet, so etwa hinter den Sitzhockern, an der Seite des Küchenschranks sowie unter dem Bett. Dadurch wird zum einen der zur Verfügung stehende Raum nicht durch verbautes Material reduziert, zum anderen sparst du das Material, in unserem Fall Holz, für diesen Bereich. Da an diesen Stellen die Dämmung also nicht verkleidet ist, könnte es natürlich passieren, dass sie beschädigt wird – so ist etwas Vorsicht etwa beim Beladen des Fahrzeugs geboten.

Beim Ausbau des Gefährts ist es auch wichtig, auf eine ungefähre Gleichverteilung des Gewichts zu achten. So haben wir unsere Batterie rechts und die Wassertanks links verbaut. Wir haben uns überdies gegen eine fest installierte Markise und für Kederschiene und Plane entschieden, diese Konstruktion ist ebenfalls etwas leichter.

Als Kederschiene wird im Übrigen die Leiste bzw. das Profil bezeichnet, das an der Einstiegsseite des Campervans montiert wird, um Sonnensegel, Vorzelt oder eben eine Plane aufzunehmen.

Auch bei der Wahl der Batterie lässt sich Gewicht sparen: Wenn du es dir leisten willst, kannst du eine (teurere) Lithium- anstelle einer AGM-Batterie kaufen, das spart je nach Kapazität um die 50 Kilogramm Gewicht.

DAS FAHRZEUG ÖKOLOGISCH AUSBAUEN

Blick in unseren Milo: Einbau der Küchenzeile

Umweltfreundliche Materialien

Wenn du dein Fahrzeug selbst ausbaust, kannst du es nach deinen ganz persönlichen Vorstellungen gestalten. Beim Ausbau deines Zuhauses auf Rädern gibt es viele Möglichkeiten, umweltverträgliche Materialien und Produkte zu verwenden, Gegenstände aus zweiter Hand zu nutzen und Ressourcen zu schonen. Viele konventionelle und Nicht-Bioprodukte haben überdies den Nachteil, dass sie Konservierungsstoffe und Lösemittel enthalten, die noch lange Zeit ausdünsten und deine Gesundheit beeinträchtigen können.

Das war unsere To-do-Liste für den Ausbau des Campervans:

Rost entfernen, grundieren, lackieren
dämmen
Fußboden verlegen
Wand verkleiden
Solaranlage montieren

GARANTIERT ÖKO: FARBEN, LACKE, KLEBER

Wir haben uns von Anfang an bemüht, umweltfreundliche Produkte – Farben, Kleber, Lacke etc. – beim Ausbau unseres Campervans zu wählen. Beim Griff zum richtigen Fabrikat hilft z. B. das Siegel »Blauer Engel«. Dieses zeichnet Produkte aus, die umweltfreundlicher sind als andere der gleichen Kategorie. Noch strenger in seinen Anforderungen ist das »EU Ecolabel«. Mit diesem werden Produkte versehen, die besonders umweltverträglich sind und die Gesundheit vergleichsweise geringer belasten. Bei diesem Siegel wird darüber hinaus auf Langlebigkeit und Müllvermeidung durch Recycling Wert gelegt.

DAS FAHRZEUG ÖKOLOGISCH AUSBAUEN

Unser Milo erstrahlt in neuem Glanz dank (Öko-)Lack.

Die Farben und Lacke der Marke PNZ sind beispielsweise mit diesem Siegel ausgezeichnet. Diese haben wir im Baumarkt (z. B. bei toom) gefunden. Die rote Farbe unserer Küche ist etwa von dieser Marke.

Bei Klebern ist es etwas schwieriger, ein umweltfreundliches Produkt zu finden. Wir haben aber die Marke Auro entdeckt. Diese stellt neben Farben, Harzen und Lasuren auch Kleber her. Damit haben wir den Kork an unsere Wände geklebt.

Das meiste Holz in unserem Campervan wollten wir auch in Holzoptik belassen, wir haben es lediglich mit Leinöl gestrichen, damit die Oberfläche besser vor Feuchtigkeit und Schmutz geschützt ist. Leinöl kannst du, abgefüllt in größere Kanister, im Tierbedarf bekommen, dort ist es deutlich günstiger als im Supermarkt.

Für die Rostbehandlung an und in deinem Fahrzeug können wir dir Rostumwandler auf Naturölbasis empfehlen, das von uns benutzte heißt Owatrol Öl. Es kriecht in den Rost, schließt ihn luftdicht ab und verhindert so ein weiteres Rosten.

DÄMMUNG – SO BLEIBT'S SCHÖN WARM!

Zum Thema Nachhaltigkeit beim Ausbau des Campervans bekommen wir sehr oft die Frage gestellt, womit wir das Fahrzeug gedämmt haben. Es gibt tatsächlich bereits einige Camper*innen, die mit alternativen Dämmmaterialien experimentiert haben. Ich habe z. B. schon von Hanf, Jute oder Korkplatten als Dämmstoff gelesen. Für uns kam Mineralwolle nicht in Frage, da diese nur mit Schutzausrüstung verarbeitet werden kann. Wir haben uns nach ausführlicher Recherche für Armaflex bzw. Kaiflex entschieden, also das Material, mit dem sehr viele Camper*innen ihr Fahrzeug dämmen und zu dem auch Langzeiterfahrungen vorliegen.

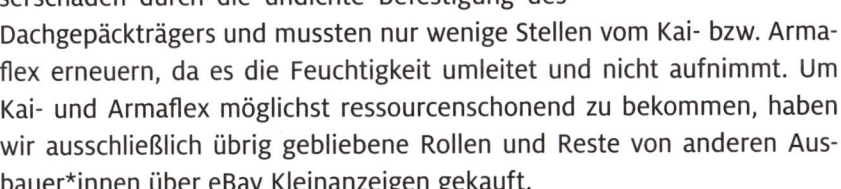

Armaflex und Kaiflex basieren auf Kautschuk und werden vollflächig auf das Blech des Fahrzeugs geklebt. Es gibt den Dämmstoff in verschiedenen Stärken. Der Vorteil dieses Materials besteht darin, dass es keine Feuchtigkeit aufnimmt und das Blech somit vollständig vor Rost schützt. Gerade in einem als Wohnraum genutzten Fahrzeug entsteht viel Feuchtigkeit, hier ist also größte Sorgfalt geboten. Für uns war dieses Dämmmaterial der beste Kompromiss zwischen Nachhaltigkeit und Langlebigkeit. Wir hatten bereits einen Wasserschaden durch die undichte Befestigung des Dachgepäckträgers und mussten nur wenige Stellen vom Kai- bzw. Armaflex erneuern, da es die Feuchtigkeit umleitet und nicht aufnimmt. Um Kai- und Armaflex möglichst ressourcenschonend zu bekommen, haben wir ausschließlich übrig gebliebene Rollen und Reste von anderen Ausbauer*innen über eBay Kleinanzeigen gekauft.

Das haben wir in unser Fahrzeug eingebaut:

*Bett
Kleiderfach
sonstiger Stauraum
(Klapp-)Tisch
Sitzgelegenheit
Küchenzeile
Trockentoilette*

HOLZ SORGT FÜR GEMÜTLICHKEIT

Beim Holzkauf kannst du auf FSC-zertifizierte Produkte zurückgreifen. Das FSC-Siegel steht für nachhaltige Waldwirtschaft und kennzeichnet auch Artikel, die aus nachhaltig erwirtschaftetem Holz bestehen.

Zum Thema Holz haben wir aber auch einen besonderen Tipp für dich: Das Holz ist mit das Teuerste am ganzen Ausbau. Wenn du hier etwas Geld sparen und gleichzeitig Ressourcen schonen willst, kannst du nach Secondhand-Holz suchen. Wir haben etwa die Bretter, aus denen die Türen unserer Küchenschränke bestehen, aus Einwegpaletten geschnitten. In unserem Fall waren die Einwegpaletten hinter einem Möbelmarkt abgelegt, und man durfte sie einfach mitnehmen – im Zweifelsfall aber unbedingt fragen! Einwegpaletten werden, wie der Name schon vermuten lässt, nach nur einer Benutzung entsorgt. Wir haben sie mit einer Flex abgeschliffen und mit Leinöl versiegelt. Du kannst aber auch bei eBay Kleinanzeigen schauen, ob dort Holz oder Paletten angeboten werden.

DAS FAHRZEUG ÖKOLOGISCH AUSBAUEN

Unsere Küchenzeile in Holzoptik

Tipp: Viele unserer Einrichtungsgegenstände haben wir gebraucht gekauft, unter anderem das Spülbecken, die Arbeitsplatte, die Wassertanks, den Wasserhahn, die Standheizung, den Spirituskocher, die Tür- sowie Schubladengriffe, die Campingdusche und einiges mehr. Es kostet zwar etwas mehr Zeit, die benötigten Dinge gebraucht zu finden, als sie einfach neu zu bestellen oder im Geschäft zu kaufen. Es spart aber viele Ressourcen und auch Geld. Zudem kannst du ganz individuelle Artikel finden, die es neu so gar nicht (mehr) gibt.

Energieversorgung

Seinen eigenen Strom zu produzieren hat viele Vorteile. Du bist zum einen nicht auf die Stromversorgung am Campingplatz angewiesen und kannst somit auf die günstigeren Stellplätze ohne Stromanschluss ausweichen. Du kannst zum anderen aber auch kleinere Plätze anfahren, die keine derartige Infrastruktur aufweisen. Trotzdem funktioniert alles, ohne dass du groß Strom sparen musst.

Das bei Camper*innen bekannteste und beliebteste Mittel, um Strom zu erzeugen, ist eine Solaranlage auf dem Dach des Fahrzeugs. Es gibt jedoch noch ein paar andere Möglichkeiten, die ich dir kurz vorstellen möchte:

GENERATOREN

Generatoren sind in den letzten Jahren um einiges leiser und sparsamer geworden, dennoch produzieren sie Strom durch die Verbrennung von fossilen Brennstoffen. Da es deutlich ökologischere Varianten gibt, rate ich dir davon eher ab.

BRENNSTOFFZELLEN

Brennstoffzellen sind deutlich unbekannter und stellen eine neuere Technologie zur Energiegewinnung dar als Generatoren. Brennstoffzellen wandeln in einer katalytischen Reaktion Alkohol (Methanol) und Sauerstoff aus der Luft in Energie um. Dabei entstehen Abwärme, Wasserdampf und geringe Mengen Kohlendioxid. Das Gerät dazu ist nur etwa acht Kilogramm schwer, der

Brennstoff, der mitgenommen werden muss, wiegt aber deutlich mehr und nimmt auch Platz weg. Zudem kosten die Zellen momentan noch mehrere Tausend Euro, und die Betriebsdauer beträgt nur rund 3000 Stunden, bevor die Leistung nachlässt. Daher wäre für mich diese Art der Stromversorgung ebenfalls keine sinnvolle Möglichkeit.

WINDKRAFT

Ja, ich habe tatsächlich schon ein paar wenige Wohnmobile gesehen, die ein eigenes kleines Windrad dabei hatten. Der Vorteil an Windkraft ist, dass du zur Energiegewinnung nicht auf gutes Wetter angewiesen bist – dafür aber auf Wind. Bist du eher im Norden oder viel an der Küste unterwegs, kann das eine gute Möglichkeit für dich sein, an deinem Stellplatz Strom zu erzeugen. Möchtest du das ganze Jahr an verschiedenen Orten unterwegs sein, ist auch eine Kombination aus Solar- und Windkraft denkbar.

SOLARENERGIE

Es gibt zwei Möglichkeiten, durch Solarenergie deine Batterie oder deine Geräte zu laden. Entweder du baust ein festes Solarpaneel auf das Dach deines Fahrzeugs oder du benutzt eine falt- und aufstellbare Solartasche. Letztere gibt es in verschiedenen Größen. Für Reisen mit dem Zelt oder auch den Besuch von Festivals ist eine kleine Tasche hervorragend geeignet. Sie ist ungefähr so groß wie ein Tablet und passt in jeden Rucksack. Mit der Solartasche kannst du eine Powerbank aufladen, über die du dann mobile Geräte lädst. Größere Falttaschen sind etwa so groß wie Solarplatten, die du von Hausdächern kennst. Meist bestehen sie aus drei Feldern, die du aufstellen kannst. Das ist deswegen besonders praktisch, weil du diese perfekt nach der Sonne ausrichten und auch verschieben kannst, was bei fest auf dem Fahrzeugdach installierten Solarplatten weniger gut funktioniert. Der Vorteil fest installierter Paneele besteht jedoch darin, dass sie auch während der Fahrt, oder wenn du gerade nicht bei deinem Fahrzeug bist, deine Batterie laden. Die mobile Variante hingegen kannst du nicht gegen Diebstahl sichern und immer nur nutzen, wenn du dich in der Nähe befindest.

Nutz die Sonne als Energiequelle!

»Alles, was gegen die Natur ist, hat auf Dauer keinen Bestand.«
Charles Darwin

DAS FAHRZEUG ÖKOLOGISCH AUSBAUEN

Eine Photovoltaikanlage auf deinem Fahrzeug zu montieren ist nicht sehr kompliziert. Du findest dazu viele Tutorials, Tipps und Erfahrungsberichte im Internet. Das hat auch uns sehr geholfen. Ein gutes Solarmodul kostet zwischen 100 und 200 Euro, je nachdem, wie viel Ausbeute du haben möchtest bzw. brauchst. Du kannst deine Batterie während der Fahrt laden, sie lädt sich aber auch auf, wenn dein Camper gerade parkt. Es muss nur ein bisschen die Sonne scheinen. Da die Sonneneinstrahlung im Winter deutlich schwächer ist als in den warmen Monaten, fällt auch die Stromausbeute entsprechend geringer aus, je nachdem, wo du dich aufhältst. Wenn du im Winter näher am Äquator unterwegs bist, wirst du den Unterschied allerdings kaum merken.

Eine Solarzelle hält ziemlich lange, die Hersteller garantieren dir 20 bis 25 Jahre, die Lebensdauer kann aber auch bis zu 40 Jahre erreichen. Doch gab es da nicht ein Problem mit dem Recycling der Module? Daran wird immer weitergearbeitet, daher solltest du alte und kaputte Solarzellen immer fachgerecht z. B. auf dem Wertstoffhof oder über den Hersteller recyceln. Moderne Recyclinganlagen können bereits 90 Prozent der enthaltenen Materialien zurückgewinnen. Das spricht also durchaus für die Verwendung dieser Technologie.

Sowohl die aufstellbare Solartasche als auch das Solarpaneel laden im Grunde deine Batterie auf die gleiche Weise auf. Zusätzlich zu deiner Batterie brauchst du außerdem einen Solarladeregler, hier gibt es sogenannte PWM- und MPPT-Solarladeregler. Die Wahl des richtigen Ladereglers ist ein komplexes Thema, zusammenfassend kann aber gesagt werden: PWM-Laderegler sind preisgünstiger, aber in nördlicheren Ländern bei geringer Temperatur und Sonneneinstrahlung nicht so effizient wie MPPT-Laderegler. Auch bei einer Teilverschattung des Paneels z. B. durch Bäume holt der MPPT-Laderegler mehr heraus, dafür ist dieser aber auch etwa doppelt so teuer.

Bei der Wahl der Solarpaneele kannst du dich zwischen monokristallinen oder polykristallinen entscheiden. Letztere sind etwas preisgünstiger, aber auf kleinen Flächen wie einem Wohnmobil weniger effizient als monokristalline Platten.

Hier habe ich dir einen simplen Schaltplan dargestellt:

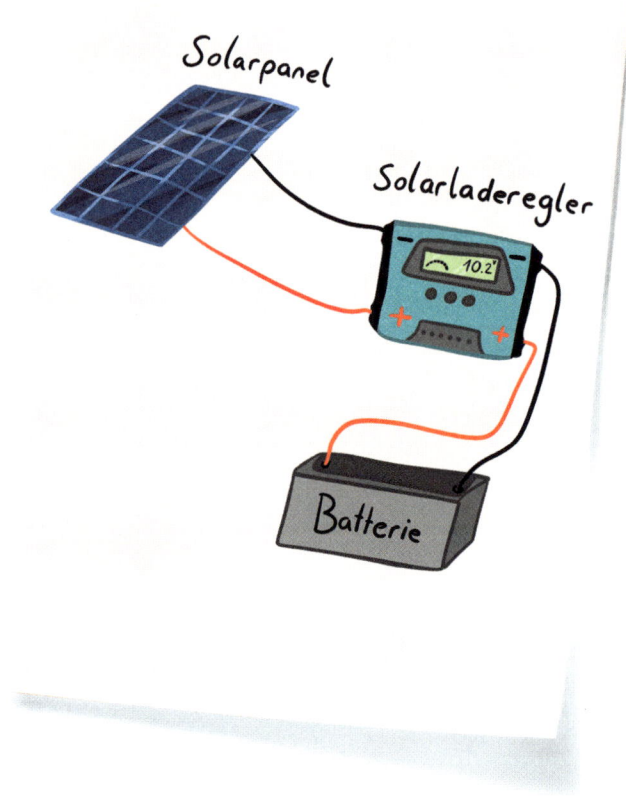

Klimaanlage, Ventilator oder Fenster

Endlich Sommer, endlich Sonne! Die ersehnten Sonnenstrahlen und warmen Temperaturen, die wir draußen so sehr genießen, machen vor der Campervantür nicht halt und heizen auch das Fahrzeuginnere auf. Was also tun, damit der Aufenthalt im mobilen Zuhause, und vor allem die Nächte, nicht allzu schweißtreibend werden?

KLIMAANLAGE: PRO UND CONTRA

In unserem Camper haben wir keine Klimaanlage. Das hat zunächst den einfachen Grund, dass ich mich durch den abrupten Temperaturwechsel von drinnen nach draußen schon häufig erkältet habe, hat aber auch den schönen, weil klimafreundlichen Nebeneffekt, dass wir Ressourcen sparen. Klimaanlagen, besonders ältere Modelle, führen laut Angaben des ADAC im Durchschnitt zu einem Mehrverbrauch von zehn bis 15 Prozent deines Kraftstoffs. Wenn dein Camper also eine Klimaanlage hat, empfehle ich dir, sie sparsam einzusetzen.

Im Wohnbereich deines Fahrzeugs kannst du ebenfalls eine Klimaanlage installieren, falls du eine brauchst. Klimaanlagen benötigen aber viel Strom. Deshalb sind sie fast nur einsetzbar, wenn du auf einem Campingplatz stehst und den Landstrom nutzen kannst. Im Sinne der Nachhaltigkeit solltest du dabei bedenken, dass nur wenige Campingplätze Ökostrom beziehen und sehr wahrscheinlich fossile Energieträger verbrannt werden mussten, um den Strom zu erzeugen. Es ist in meinen Augen paradox, dass wir Strom, der unser Klima anheizt, brauchen, um unsere Räume zu kühlen – ein Teufelskreis.

Tipp: Wenn du auf die Klimaanlage nicht verzichten möchtest, achte doch bei der Wahl des Campingplatzes darauf, ob die Betreiber Ökostrom beziehen. Einige nachhaltige Campingplätze findest du weiter hinten im Buch (S. 158) gelistet.

DEM LUFTZUG AUF DIE SPRÜNGE HELFEN

Auch ohne den Einsatz einer Klimaanlage gibt es durchaus Möglichkeiten, wie du verhindern kannst, dass sich die warme Luft in deinem Camper staut und es unangenehm heiß wird. Im Sommer empfiehlt es sich, möglichst schattige Stellplätze zu suchen. Wir lassen bei warmen Temperaturen auch gern die seitliche Schiebetür unseres Campervans offen, das sorgt für Luftbewegung. In der Nacht ist das nicht unbedingt ratsam, daher haben wir uns bereits bei der Planung unseres Ausbaus dazu entschieden, zwei Dachfenster einzubauen, diese ermöglichen einen guten Luftaustausch. Du kannst auch ein Dachfenster mit integriertem Ventilator einbauen oder einen Ventilator nachrüsten. Diese benötigen nicht viel Strom und sind oft in beide Richtungen nutzbar: Entweder sie ziehen warme verbrauchte Luft aus deinem Fahrzeug heraus oder befördern kühle Abendluft in den Innenraum.

Außerdem empfehlen wir dir, wenn die Sonne scheint, nach dem Abstellen deines Fahrzeugs die Frontscheiben mit Isoliermatten abzudecken. Dadurch heizt sich die Fahrkabine nicht so stark auf, was sich ebenfalls positiv auf die Raumtemperaturen im Wohnbereich auswirkt. Diese Matten gibt es auf die verschiedensten Fahrzeuge zugeschnitten. Unsere sind besonders praktisch, da sie mit Saugnäpfen versehen sind, mit denen sie sich von innen an die Scheiben heften lassen.

Ökologische Toilette

Hygienisch und dennoch ökologisch soll das »stille Örtchen« für unterwegs sein. Damit scheidet die Chemietoilette aus, und eine andere Lösung muss her: die Trockentrenntoilette, die ganz ohne Wasserspülung und chemische Zusätze auskommt.

Nach den ersten kleinen Ausflügen ohne Toilette war uns klar: Das geht so nicht. Zuerst hatten wir ein klassisches »Porta Potti«, eine tragbare Campingtoilette, allerdings aus zweiter Hand, aber ungenutzt für kleines Geld erworben. Damit wir keine »Chemiebombe« einfüllen mussten, hatten wir uns Sanitärkristalle gekauft, die biologisch abbaubar sind – es gibt diese etwa von Dr. Keddo. Auch die Marke Solbio haben wir getestet. So richtig zufrieden waren wir mit dieser Lösung nicht, denn das Leeren der Toilette war jedes Mal eine unschöne Angelegenheit. Camperfreunde rieten uns dann zur Trockentrenntoilette. Ich muss ehrlich sagen, dass ich große Vorbehalte hatte und mir nicht vorstellen konnte, dass das Hantieren mit dieser Art von Toilette vergnüglicher sein sollte. Nachdem uns aber viele Camper*innen dieses System empfohlen hatten, waren wir neugierig. Trockentrenntoiletten sind auch als Bausatz oder fertige Kästen erhältlich, diese sind allerdings ziemlich teuer. Deshalb entschieden wir uns, selbst eine zu bauen. So haben wir einen unserer Sitzhocker zur Toilette umgebaut. Nach einigen Ausflügen und Urlauben mit der neuen Toilette sind wir nun komplett überzeugt und begeistert.

Tipp: Falls du ebenfalls unzufrieden mit deiner Chemietoilette bist, kannst du in Erwägung ziehen, deinen Campervan oder dein Wohnmobil mit einer Trockentrenntoilette nachzurüsten. Alles, was du brauchst, ist genügend Platz unter der Klobrille für einen Zehn-Liter-Urintank (bei zwei Personen reicht das für etwa drei Tage) und einen ca. 20-Liter-Eimer.

Das wichtigste Teil der Trockentrenntoilette ist der sogenannte Urinabscheider. Dabei handelt es sich um ein Plastikteil, das dafür sorgt, dass der Urin nach vorne in einen Kanister geleitet und getrennt von den Feststoffen aufgefangen wird. Die Geruchsbildung hängt nämlich hauptsächlich mit der Mischung beider Ausscheidungen zusammen, was dadurch zuverlässig verhindert wird. Der Kot fällt in einen mit Zeitungspapier oder einer Papiertüte ausgekleideten Eimer (am besten bringst du bereits etwas Streu als unterste Schicht aus), oben drauf kommt ebenfalls eine Schicht Sägespäne oder Kleintierstreu. Das Ganze wird, wenn der Eimer voll ist, in einer Restmülltonne entsorgt. Der im Kanister gesammelte Urin kann hingegen in eine Toilette entsorgt werden. Das klappt wirklich gut und verursacht fast keinen Geruch. Bisweilen kannst du auch den Kaffeesatz vom Frühstück mit in den Eimer geben, so riecht es nur nach Kaffee. Die Leerung ist nun deutlich angenehmer, und wir sind auch nicht unbedingt auf eine spezielle Entleerungsstation angewiesen.

Campingdusche

Natürlich kannst du einfach auf Campingplätzen duschen. Bist du aber längere Zeit fernab der Zivilisation unterwegs, freust du dich sicher über eine Erfrischung und das Gefühl, sauber zu sein. Wir haben bisher zwei Außenduschen getestet, ich möchte dir die jeweiligen Vor- und Nachteile schildern und einige weitere Möglichkeiten beschreiben.

SOLARDUSCHE: MIT DER SONNE DUSCHEN

Geschickte Handwerker*innen haben sich schon eine eigene Duschkabine in ihren Van gezimmert. Hast du dafür keinen Platz, so wie wir, brauchst du eine Außendusche. Das einfachste und auch gängigste Modell ist die Solardusche. Dabei handelt es sich um einen schwarzen Sack mit etwa 20 Liter Fassungsvermögen, der gefüllt in die Sonne gelegt wird, sodass sich das Wasser erwärmt. Anschließend wird der Sack etwa an einem Baum oder außen am Camper aufgehängt – und schon kann das Duschvergnügen starten: Durch die Schwerkraft fließt das Wasser durch eine kleine Brause, und du kannst duschen.

Vorteile der Solardusche: Im Sommer hast du ziemlich schnell warmes Wasser, und die Solardusche kostet nicht viel.
Nachteile: Der Wasserdruck ist sehr gering, der Sack trocknet nur langsam, bevor du ihn wieder verstauen kannst, und schon bei vielen Benutzern ist er nach einer Weile geplatzt. Wenn du den Sack bereits befüllt mitnimmst, etwa um deine Wasservorräte zu schonen, brauchst du einen sicheren Platz für den Transport.

DUSCHE TO GO

Wir haben uns daher nach den ersten Urlauben und unseren Erfahrungen mit der Solardusche für ein anderes Modell entschieden: die tragbare Dusche. Sie ähnelt von der Funktionsweise einem Drucksprühgerät, wie es oft zur Verteilung von Pestiziden benutzt wird. Die Dusche hat die Form einer großen Flasche und fasst acht Liter. Mit einer Handpumpe wird Druck im Inneren aufgebaut, über einen Schlauch mit Brause kannst du dich dann duschen. Diese Variante ist stabiler als der Solarsack und kann aufrecht überall hingestellt werden. Der Wasserdruck ist höher, allerdings ist dazu etwas Pumpen nötig. Einige Modelle sind auch mit einer Fußpumpe ausgestattet. Das Wasser musst du vorher erwärmen.

Eine weitere Option besteht darin, einen Wasserkanister und eine elektrische Tauchpumpe mit Schlauch und Duschkopf zu kombinieren. Hier benötigst du keine Muskelkraft, dafür aber Strom oder einen Akku.

Tipp: Bist du dir nicht sicher, welche Art der Dusche für dich die optimale Lösung ist, schau einfach mal, ob du das Modell, das du ausprobieren möchtest, gebraucht findest. Wir haben unsere tragbare Dusche über eBay Kleinanzeigen erstanden.

VOR BLICKEN GESCHÜTZT

Eine coole Idee, die ich schon oft bei anderen gesehen habe, kann ich dir hier noch weitergeben. Viele Duschwillige, deren Camper mit Flügeltüren am Kofferraum ausgestattet sind, nutzen zwei Duschvorhänge, die sie zwischen den geöffneten Türen mit Magneten befestigen: einen direkt zum Innenraum hin, um diesen vor der Feuchtigkeit zu schützen, einen als Sichtschutz am äußersten Rand der Türen. So hast du etwa 1,5 Meter Platz zwischen den beiden Vorhängen, um dich unbeobachtet zu duschen.

Tipp: Autark unterwegs sein – so viel Wasser brauchst du
Um ein paar Tage nicht auf den Besuch eines Campingplatzes mit Versorgungsmöglichkeiten angewiesen zu sein, braucht es gar nicht viel. Das Wichtigste ist eigentlich, dass du eine Toilette hast, genügend Wasser, Essen und Strom.
Im Wohnmobil oder Campervan brauchst du deutlich weniger Wasser als zu Hause. Der Pro-Kopf-Verbrauch beträgt in Deutschland etwa 120 Liter Trinkwasser pro Tag für Körperpflege, Kochen, Reinigen und Trinken. Da wir in unserem Campervan eine Trockentrenntoilette benutzen, verbrauchen wir schon mal kein Wasser zum Spülen – die Toilette ist nämlich einer der Hauptwasserverbraucher in deutschen Haushalten. Im Van kommen wir zu zweit mit einem 60-Liter-Wassertank plus einer Acht-Liter-Dusche etwa drei Tage aus. Wir haben außerdem einen kleinen Zehn-Liter-Reservekanister dabei, den wir bisher aber noch nie gebraucht haben.
Ein Plus für die Umwelt: Wir haben festgestellt, dass wir, wenn wir wissen, dass unser Vorrat an Wasser begrenzt ist, deutlich sparsamer damit umgehen und darauf achten, kein Wasser zu verschwenden. Eigentlich sollte das eine Selbstverständlichkeit sein, denn sauberes Trinkwasser ist keine unendliche Ressource. In den letzten sehr trockenen Sommern wurde in manchen Gemeinden das Trinkwasser schon Mangelware und musste von außerhalb beschafft werden. Achte deshalb auch auf dem Campingplatz auf einen sparsamen Umgang mit Wasser.

DAS FAHRZEUG ÖKOLOGISCH AUSBAUEN

Gönn dir Muße und häng deinen (Tag-)Träumen nach!

AUSSTATTUNG
des Camping-fahrzeugs

Campingküche

Du möchtest in deiner Camperküche leckere Gerichte auf den (Klapp-) Tisch zaubern? Dann solltest du zunächst ein paar Gedanken darauf verwenden, welches Equipment du benötigst.

KOCHER UND KOCHPLATTEN

Wenn du einen Wohnwagen oder ein Wohnmobil besitzt, hast du wahrscheinlich eine eingebaute Gasanlage. Dann ist es auch sinnvoll, diese zu nutzen. Wir haben uns für unseren Campervan dagegen entschieden, zum einen weil der Selbsteinbau kompliziert ist, zum anderen weil wir nicht noch mehr fossile Brennstoffe nutzen wollten. Generell gibt es die Möglichkeit, Gas, Strom (Induktion) oder, wie wir, Spiritus zum Kochen zu verwenden.

Gas bekommst du in den meisten Ländern recht problemlos. Manchmal kannst du auch vorhandene Flaschen wieder auffüllen. In einigen Ländern gibt es aber einen anderen Anschluss auf den Gasflaschen, der nicht kompatibel mit den Anschlüssen im Fahrzeug ist. Hier brauchst du einen Adapter. Viele Camper*innen mit kleineren Fahrzeugen nutzen auch klassische mobile Campingkocher mit Gaskartuschen. Diese sind einfach erhältlich, verursachen aber auch viel Müll, da die Kartuschen häufig gewechselt werden müssen.

AUSSTATTUNG DES CAMPINGFAHRZEUGS

Für mobile Induktionsplatten benötigst du keine weiteren Rohstoffe außer Strom. Die Platten verbrauchen zwar weniger Strom als klassische E-Herde, aber immer noch zu viel für die meisten Versorgerbatterien in Wohnmobil oder Campervan. Du kannst deine Kochplatte also nur auf dem Campingplatz mit einem Landstromanschluss nutzen – nichts also für Camper*innen, die gern auch mal abseits von Campingplätzen ihr Quartier aufschlagen. Bezieht der Campingplatz Ökostrom, kann das sehr nachhaltig sein. Bei einem Strommix mit Strom aus fossilen Energieträgern wie Kohle sieht die Ökobilanz hingegen deutlich schlechter aus.

Spiritus – wir nutzen 100 Prozent reines Bio-Ethanol – kannst du in Zehn-Liter-Kanistern kaufen. Damit kommst du normalerweise mehrere Monate aus. Wir haben uns einen zweiflammigen Spirituskocher der Marke Dometic über eBay Kleinanzeigen gekauft. Dieser ist auch für Innenräume zugelassen und hat nun seinen festen Platz in unserer Küchenzeile gefunden. Wir können damit alle Gerichte zubereiten, die wir auch zu Hause kochen. So steht dem kulinarischen Genuss im Urlaub nichts mehr im Weg.

Spiritus ist auch im europäischen Ausland in den meisten Baumärkten erhältlich, ein bis zwei Kanister an Bord reichen für einen ausgedehnten Campingurlaub, ohne dass du nachkaufen musst. Spiritus ist Alkohol und für die Umwelt nicht schädlich, bei der Verbrennung von Spiritus entwickelt sich etwas weniger Hitze als bei der Verbrennung von Gas, es besteht hingegen keine Explosionsgefahr. Der einzige Nachteil am Kochen mit Spiritus ist, dass es zu Ruß an der Unterseite deiner Töpfe und Pfannen kommt.

Perfekt ausgerüstet für die Unterwegsküche

ALTERNATIVE KOCHER

Zwei völlig andere und sehr interessante Lösungen sind Solarkocher und BioLite Campstove. Mit beiden habe ich persönlich noch keine Erfahrungen gesammelt, aber viel darüber gelesen. Der Solarkocher sieht ein bisschen aus wie eine große Satellitenschüssel und ist daher nur geeignet, wenn du noch Platz in deinem Fahrzeug hast. Der Kocher funktioniert nur mit Sonnenenergie, die Sonneneinstrahlung wird über die Schüssel auf den darin befindlichen Topf zurückgeworfen. Der BioLite Campstove wiegt hingegen nur ein Kilo und ist 20 Zentimeter groß. Er braucht lediglich ein paar Äste, Tannenzapfen, Papier oder trockenes Laub als Brennstoff. Nebenbei wandelt er die Hitze auch noch in Strom um, du kannst also kleine elektrische Geräte beim Kochen aufladen. Beide können allerdings nur im Freien zum Einsatz kommen, der Solarkocher überdies auch nur untertags, wenn die Sonne scheint.

OMNIA, DER MOBILE BACKOFEN

Wer auch im Campingurlaub nicht auf Pizza, Aufläufe, Kuchen und selbst gebackenes Brot verzichten möchte, für den ist der Omnia ein Must-have. Der runde Camping-Backofen wird auf den Gas- oder Spirituskocher gestellt und funktioniert dann wie ein Backofen. Form und Aussehen erinnern an eine Guglhupfbackform mit Deckel. An der Stelle, wo die Guglhupfform ihre Einbuchtung aufweist, hat der Omnia am oberen Ende ein Loch, durch das die Wärme des Kochers nach oben geleitet wird, sich unter dem Deckel sammelt und das Gericht auch von oben gart. Das Ergebnis sind leckere Backwaren und tolle Ofengerichte. Zum Omnia gehört auch eine passende Silikonform sowie ein Gitter, auf dem Brötchen aufgebacken werden können. So gibt es fast keine Gerichte mehr, die wir unterwegs missen müssen.

Nachhaltiges Campingzubehör

Von Campingstühlen über Hängematten und Picknickdecken bis Geschirr: Vieles, was du an Zubehör für den gelungenen Campingurlaub brauchst, muss nicht neu gekauft werden, du kannst es entweder von Camperfreund*innen ausleihen oder secondhand erstehen. Auch das ist ein Schritt in Richtung Nachhaltigkeit und spart wiederum Ressourcen.

Tipp: Das meiste unseres Campingzubehörs haben wir gebraucht hauptsächlich über das Portal eBay Kleinanzeigen gekauft. Dort kannst du Dinge in deiner Nähe finden und abholen oder bei etwas weiterer Entfernung auch versenden lassen.
Das haben wir alles gebraucht gefunden: Hängematten, Campingdusche, Spirituskocher, Longboards, Lotusgrill, Edelstahlschüsseln, Aufbewahrungskisten, Partnerschlafsack, Campingstühle und vieles mehr.

Viele Menschen bekommen etwas geschenkt oder kaufen einen Gegenstand, benutzen ihn kaum und verkaufen ihn irgendwann weiter. Das sind oft die besten Dinge, weil sie meist gut gepflegt sind. Beim Gebrauchtkauf gilt es, unbedingt auf die bisherigen Bewertungen der verkaufenden Person zu achten, auch die Fotos sind wichtig. Ist alles zu sehen oder sind die Bilder unscharf bzw. ist der Gegenstand, um den es geht, nur von einer Seite sichtbar? Hast du ein gutes Gefühl, dann schlag zu. Am besten ist es, die Sachen selbst abholen zu können, aber auch mit dem Versand haben wir zu 99 Prozent gute Erfahrungen gemacht.

AUSSTATTUNG DES CAMPINGFAHRZEUGS

Strandtag mit Milo

TISCHLEIN DECK DICH:
DAS CAMPINGGESCHIRR

Die Frage nach dem perfekten Campinggeschirr ist eine sehr schwierige. Wenn das Gewicht für dich keine Rolle spielt, kannst du einfach das gleiche Porzellangeschirr wie zu Hause benutzen. Es ist nur nicht bruchsicher. In bereits ausgestatteten Wohnmobilen und -wägen wird oft Melamin- oder auch Bioplastikgeschirr aus Mais oder Zucker verwendet. Diese Teller und Tassen sind besonders leicht und bruchsicher, gelten aber als gesundheitlich bedenklich, denn selbst die pflanzenbasierten Produkte enthalten einen unter Umständen gesundheitsschädlichen Chemikalienmix. Speisen und Getränke über 70 Grad sollten nicht auf dieses Geschirr gelangen, da sich dann teils schädliche oder sogar krebserregende Stoffe wie Formaldehyd herauslösen können. Sicherer ist es, auf Edelstahl- oder Emaillegeschirr zurückzugreifen. Dieses ist langlebig, gesundheitlich unbedenklich, hitzebeständig, einfach zu reinigen und leichter als Porzellan. Oft findet sich gutes gebrauchtes Edelstahl- oder Emaillegeschirr auf Flohmärkten oder in eBay Kleinanzeigen.

Mein Favorit: Emaillegeschirr

AUSSTATTUNG DES CAMPINGFAHRZEUGS

OUTDOORMÖBEL TRIFFT NACHHALTIGKEIT

Vor dem Campervan sitzen, den Sonnenuntergang genießen und Pläne für den nächsten Tag schmieden – und das am besten auf gemütlichen Sitzmöbeln: Nachhaltige Campingstühle und -tische, aber auch Outdoorküchenmodule und Bollerwagen, hergestellt aus recycelten PET-Flaschen, gibt es etwa bei bel-sol. Das Unternehmen bemüht sich, auch die Produktion immer umweltfreundlicher zu gestalten, damit weniger Chemikalien, Wasser und Energie verbraucht werden.

Meine Picknickdecke ist nicht nur wiesen-, sondern auch strandtauglich.

Nachhaltige Camping-, Picknick- und Tagesdecken findest du bei Valleys & Hills. Das Paar hinter dem Start up verkauft fünf verschiedene Varianten, auch ein Strandtuch ist dabei. Später sollen auch andere nachhaltige Möbel wie Campingstühle hinzukommen.

SCHLAFSACK FÜR KOMFORTNÄCHTE

Schlafsäcke sind nicht nur für Zeltbesitzer*innen ein guter Begleiter, sondern für alle, die entweder keine Standheizung haben oder diese nicht die ganze Nacht laufen lassen. Ähnlich wie bei der Kleidung ist hier nicht nur Qualität und Material entscheidend, sondern auch eine faire Herstellung. Gute nachhaltige Schlafsäcke gibt es zum Beispiel von VAUDE, etwa das Fabrikat Navajo 500 SYN. Mit diesem schläfst du auch bei 2 Grad noch gut, ohne zu frieren. Für kältere Temperaturen können dank der rechteckigen Form einfach zwei Stück ineinander gesteckt werden, oder du greifst auf das Modell Sioux 800 SYN zurück, das auch bei Minustemperaturen noch warm hält. Die Schlafsäcke wärmen auch im feuchten Zustand und sind mit dem Siegel der Fair Wear Foundation (siehe S. 153) zertifiziert, das eine faire Herstellung der Produkte garantiert.

SONSTIGES ZUBEHÖR

Eine Campinglampe ist praktisch im Zelt, spendet aber auch auf dem Tisch vor dem Wohnmobil oder Campervan Licht. Am besten greifst du hier zu einer solarbetriebenen Lampe, die sich über das integrierte Solarmodul am Tag von selbst wieder auflädt. Es gibt auch solche, die du an dunkleren Tagen, wenn die Sonne nicht ausreichend geschienen hat, zusätzlich per Dynamo ankurbeln kannst.

Du wanderst gern? Und natürlich auch im Urlaub? Dann brauchst du auf jeden Fall einen Rucksack, optimalerweise ein nachhaltiges Exemplar. Da kann ich dir unter anderem die Marken VAUDE, GOT BAG, pinqponq und Ethnotek empfehlen, deren Produkte, allesamt Outdoor-Qualität, fair hergestellt sind. Bei der Auswahl ist sicherlich für jeden Geschmack etwas dabei.

Und du grillst auch gern beim Campen? Ich ebenfalls! Wir haben uns für einen praktischen Lotusgrill entschieden. Dieser braucht nur sehr wenig Kohle und verfügt über ein batteriebetriebenes Gebläse (greife bei Batterien immer auf wiederaufladbare zurück), er ist sehr kompakt und leicht zu reinigen. Es gibt aber auch faltbare kleine Holzkohlegrills, die einfach zu transportieren sind. Vermeide unbedingt Einweggrills und auch Einweggrillschalen! Diese bestehen hauptsächlich aus Aluminium, das bei der Gewinnung nicht nur ins Grundwasser gerät und unser Trinkwasser verunreinigt, sondern auch im Verdacht steht, unsere Gesundheit zu schädigen. Eine unproblematische und hübsche Alternative sind kleine Grillschalen aus Edelstahl oder Glas.

Tipp: Wohnmobil, Wohnwagen oder Campervan mieten bzw. vermieten

In den letzten Jahren hat Campingurlaub um einiges an Beliebtheit dazugewonnen. Das hat auch dazu geführt, dass sich sehr viel mehr Menschen als früher ein Campingfahrzeug gekauft oder selbst ausgebaut haben. Es gibt aber auch die Möglichkeit, sich ein Fahrzeug zu mieten oder als Besitzer*in das eigene Gefährt zu vermieten. Gerade bei Campinganfänger*innen oder all jenen, die nicht regelmäßig reisen können oder wollen, sondern lediglich ein- bis zweimal im Jahr in den Urlaub fahren, ist eine Miete deutlich günstiger und nachhaltiger. Sonst wäre das Fahrzeug auch eher ein »Stehzeug«, da es bis auf wenige Wochen im Jahr hauptsächlich parkt.

Über verschiedene Internet-Plattformen kannst du Fahrzeuge von privat mieten oder deines vermieten. Dabei wird eine extra dafür ausgelegte Vollkasko-Versicherung für den Mietzeitraum abgeschlossen. Du hast so die Möglichkeit, die Fixkosten für dein Fahrzeug über die Mieteinnahmen zu decken, und kannst die Standzeiten reduzieren. Wir haben unserem Campervan schon über dieses Portal vermietet und waren bisher rundum zufrieden.

AUSSTATTUNG DES CAMPINGFAHRZEUGS

Auf einem unserer ersten Ausflüge mit dem fertig ausgebauten Milo

Reisen und Nachhaltigkeit – ein Widerspruch? Ganz und gar nicht, meine ich!

Tipps für Unterwegs

ALLE VORBEREITUNGEN SIND GETROFFEN, UND ENDLICH KANN ES LOSGEHEN. DU FREUST DICH AUF EINSAME STELLPLÄTZE VOR GROSSARTIGER KULISSE, WANDERUNGEN IN UNBERÜHRTEN LANDSCHAFTEN, LANGE STRANDTAGE, ROMANTISCHE SONNENUNTERGÄNGE … DURCH UMWELTFREUNDLICHES REISEVERHALTEN KANNST DU DAZU BEITRAGEN, DASS DIE NATUR KEINEN SCHADEN NIMMT.

LOS GEHT'S:
Packen und Starten

Kein unnötiger Ballast

> **Bedenke:**
> Allein 100 Kilogramm weniger sorgen für eine Kraftstoffeinsparung von etwa 0,3 Liter auf 100 Kilometern.

Gerade in einem Wohnmobil, Wohnwagen oder Campervan, die uns eine Zeit lang als mobiles Zuhause dienen, fahren wir zahlreiche Dinge spazieren. Vieles davon ist notwendig und kann nicht weggelassen werden. Trotzdem gibt es ein paar Einsparungsmöglichkeiten, die du bedenken solltest, um das Gesamtgewicht deines Fahrzeugs zu reduzieren.

Befülle deinen Frischwassertank nur minimal, wenn du vorhast, einen Campingplatz anzusteuern. Du kannst ihn nach Erreichen des Platzes dann komplett auffüllen. Bevor du weiter zum nächsten Stellplatz fährst, leere unbedingt den Abwassertank sowie deine Toilette fachgerecht. Je nachdem wo du hinfährst, kann es auch sinnvoll sein, den Wocheneinkauf erst in der Nähe deines Zielortes zu erledigen. So sparst du weitere Kilos ein, mit denen du sonst dein Fahrzeug unnötig beschwerst.

Ein dicker Straßenatlas, zwei zusätzliche Jacken, Schuhe etc. – jeder Gegenstand ist für sich genommen nicht sonderlich schwer, in der Summe jedoch kommt einiges an Kilos zusammen. Überlege also genau, was davon du eventuell zu Hause lassen könntest.

Wer im Übrigen nicht auf die Mitnahme des eigenen Fahrrads verzichten möchte, sollte bei der Wahl des Fahrradträgers Folgendes bedenken: Fahrradträger, die am Heck des Fahrzeugs angebracht sind, tragen zu einem geringeren Kraftstoffverbrauch bei als Träger, die auf dem Dach installiert sind – ganz abgesehen davon, dass das Aufladen der Bikes auf den Heckträger bequemer ist und weniger Kraft braucht.

Spritsparend fahren

Weniger Sprit zu verbrauchen schont nicht nur deinen Geldbeutel, sondern auch die Umwelt. Solange wir auf das Autofahren nicht komplett verzichten können oder wollen, ist das Mindeste, was wir tun können, so wenig wie möglich klimaschädliche Gase auszustoßen. Hier habe ich einige Tipps für dich, die gar nicht kompliziert oder aufwendig sind:

VERMEIDE KURZE STRECKEN

Ist der Motor kalt, braucht er am Anfang deutlich mehr Kraftstoff, als wenn er die ideale Temperatur erreicht hat. Nutze daher für kurze Strecken lieber das Fahrrad oder verbinde mehrere kurze Touren zu einer längeren Fahrt. Das Warmlaufenlassen des Fahrzeugs im Winter hat übrigens keine positiven Effekte, es ist sogar verboten, schädigt deinen Motor und belastet die Umwelt.

FAHRE VORAUS-SCHAUEND

Lass dich die letzten Meter an eine rote Ampel heranrollen, am besten bei eingelegtem Gang, so wirst du durch die Motorbremsleistung langsamer. Bei den meisten Autos wird dabei die Kraftstoffzufuhr komplett gestoppt. Das Gleiche gilt kurz vor einer Ortschaft: Lass dich die letzten hundert Meter rollen, statt erst kurz vor dem Ortsschild stark zu bremsen!

KONTROLLIERE REGELMÄSSIG DEN REIFENDRUCK

Zu geringer Reifendruck führt zu mehr Rollwiderstand auf der Straße und damit zu einem höheren Kraftstoffverbrauch. Angaben zum richtigen Druck findest du meist im Tankdeckel oder in der Fahrertür. Schau mal in die Bedienungsanleitung deines Fahrzeugs, bei manchen kannst du zusätzlich den angegebenen Druck moderat erhöhen, um zusätzlich Kraftstoff zu sparen.

SCHALTE IM STAND DEN MOTOR AUS

Wenn du absehen kannst, dass die Standzeit länger als 20 Sekunden betragen wird, lohnt es sich, den Motor abzuschalten. An Bahnübergängen ist das sogar vorgeschrieben. Wenn dein Fahrzeug nicht fährt, verbraucht es bei laufendem Motor trotzdem 0,5 bis 1 Liter pro Stunde. Laut Angaben des ADAC ist gerade bei einem warmen Motor die zusätzliche Belastung für Anlasser und Batterie zu vernachlässigen.

SCHALTE UNNÖTIGE ELEKTRISCHE VERBRAUCHER AUS

Elektrische Funktionen und Geräte im Auto wie Klimaanlage, Lüfter, Beleuchtung und Komforteinrichtungen bekommen ihre Energie vom Generator, der mithilfe des Verbrennungsmotors angetrieben wird. Die Klimaanlage kann im Durchschnitt zu einem Mehrverbrauch von 0,3 bis 1,5 Liter Kraftstoff auf 100 Kilometern führen, die Standheizung zu 0,2 bis 0,5 Liter pro Stunde. Reduzierst du die Zeit, in der die genannten Funktionen eingeschaltet sind, auf das Nötigste, kannst du viel Kraftstoff sparen.

Sollte es dir zu heiß sein, ist es jedoch keine gute Idee, anstelle der Klimaanlage bei voller Fahrt die Fenster zu öffnen (auch nicht die Dachluken!), denn diese stören die Luftströmung und können ebenfalls zu einem höheren Kraftstoffverbrauch führen. Nur im Stadtverkehr sind geöffnete Fenster deutlich besser als die Klimaanlage.

SCHALTE RECHTZEITIG HOCH

Den ersten Gang solltest du nur zum Anrollen nutzen, bereits nach zwei bis drei Metern kannst du hochschalten. Generell empfiehlt sich niedertouriges Fahren mit geringer Drehzahl (maximal um die 2000 Umdrehungen pro Minute). Das schont auch deinen Motor, denn bei höheren Drehzahlen kommt es zu mehr Reibung und schnellerem Verschleiß. Auch rasches Zurückschalten ist oft gar nicht notwendig, solange dein Fahrzeug Gas annimmt, ohne zu ruckeln.

KONSTANTE GESCHWINDIGKEIT AUF DER AUTOBAHN

Je länger eine Strecke ist, desto eher neigen wir dazu, sehr schnell zu fahren. Bei sehr hohen Geschwindigkeiten nimmt der Kraftstoffverbrauch aber überproportional zu. Laut Angaben des ADAC kann der Verbrauch von 6 Litern pro 100 Kilometern bei 100 km/h auf 10 Liter pro 100 Kilometer bei 160 km/h ansteigen. An vielen Stellen gibt es sowieso Geschwindigkeitsbegrenzungen, fährst du also konstant zwischen 100 und 130 km/h und versuchst, unnötiges Beschleunigen und Bremsen zu vermeiden, schont das nicht nur deinen Geldbeutel und die Umwelt, sondern auch deine Nerven. Oft brauchst du nicht einmal wesentlich länger bis zu deinem Ziel.

EINKAUFEN
und Kochen

Einkauf von Lebensmitteln

»Jedes Mal, wenn du etwas kaufst, stimmst du für die Welt, die du dir wünschst.«
Anna Lappé

Den meisten Müll holen wir uns beim Einkauf von Lebensmitteln ins Fahrzeug: Getränkekartons, Konservendosen, Plastiktüten, Kartons und vieles mehr. Nicht immer lässt sich alles vermeiden, aber es gibt ein paar Tipps und Tricks, wie du hier richtig Müll sparen kannst. Auf Reisen hast du für den Einkauf meist mehr Zeit als im Alltag und kannst auch frei wählen, wo du hingehst. Das bringt dir einen entscheidenden Vorteil, und mit etwas Planung und Voraussicht ist hier vieles möglich.

OBST UND GEMÜSE: UNVERPACKT UND MIT BLICK AUF DEN SAISONKALENDER

Das größte und einfachste Müllsparpotenzial liegt meiner Meinung nach beim Einkauf von Obst und Gemüse. Im Supermarkt ist es manchmal knifflig, aber auch hier findest du immer mehr unverpackte Sorten. Wenn du kannst, besuche lieber Wochenmärkte, das stärkt nicht nur die lokale Wirtschaft und ist ein nettes Einkaufserlebnis, sondern bringt dir oft auch frischere sowie unverpackte Lebensmittel. Bringe hier ganz einfach eigene Beutel mit, um deinen Einkauf zu transportieren. Ich habe immer ein bis

EINKAUFEN UND KOCHEN

zwei klassische Jutebeutel dabei sowie einen Beutel mit etwa fünf kleinen Obst- und Gemüsenetzen. Diese eignen sich auch prima, um im Supermarkt die dünnen Kunststoffbeutelchen zu vermeiden. Du kannst sie einfach wiederverwenden und sogar waschen. Vielleicht gibt es auf dem Markt auch Stände, die Oliven, Käse oder Ähnliches anbieten. Oft ist es kein Problem, dir diese Waren in mitgebrachte Boxen oder Gläser füllen zu lassen.

Saisonales Obst und Gemüse zu wählen gibt dir einen weiteren Nachhaltigkeitsbonus. Dieses muss nur kurze Strecken zurücklegen, ist oft unverpackt und besonders frisch. Ich habe dir im Folgenden einen kleinen Saisonkalender zusammengestellt, damit du weißt, wann die gängigsten Sorten geerntet werden. Zusätzlich gibt es natürlich einige Sorten, die gelagert werden und dadurch länger erhältlich, aber trotzdem frisch sind.

Frisches regionales Gemüse vom Markt

Saisonkalender

JANUAR

FRISCH:
Champignons, Grünkohl, Lauch, Pastinaken, Rosenkohl, Chicorée, Feldsalat

LAGERWARE:
Kartoffeln, Karotten, Knollensellerie, Chinakohl, Rotkohl, Weißkohl, Wirsing, Kürbis, Rote Bete, Zwiebeln, Äpfel, Birnen

FEBRUAR

FRISCH:
Champignons, Grünkohl, Lauch, Pastinaken, Rosenkohl, Chicorée, Feldsalat

LAGERWARE:
Kartoffeln, Karotten, Knollensellerie, Chinakohl, Rotkohl, Weißkohl, Wirsing, Kürbis, Rote Bete, Zwiebeln, Äpfel

MÄRZ

FRISCH:
Bärlauch, Champignons, Lauch, Pastinaken, Rosenkohl, Spinat, Chicorée, Feldsalat

LAGERWARE:
Kartoffeln, Karotten, Knollensellerie, Chinakohl, Rotkohl, Weißkohl, Wirsing, Kürbis, Rote Bete, Zwiebeln, Äpfel

APRIL

FRISCH:
Bärlauch, Champignons, Lauch, Radieschen, Spargel, Spinat, Endiviensalat, Feldsalat, Rhabarber

LAGERWARE:
Chinakohl, Kartoffeln, Karotten, Knollensellerie, Kürbis, Rote Bete, Weißkohl, Wirsing, Zwiebeln, Äpfel

MAI

FRISCH:
Bärlauch, Blumenkohl, Champignons, Frühlingszwiebeln, Kohlrabi, Mangold, Radieschen, Rettich, Spargel, Spinat, Staudensellerie, Batavia, Eichblatt-, Endivien-, Kopf-, Eisbergsalat, Rucola, Rhabarber

LAGERWARE:
Chinakohl, Kartoffeln, Karotten, Knollensellerie, Zwiebeln

JUNI

FRISCH:
Blumenkohl, Brokkoli, Champignons, Chinakohl, Erbsen, Fenchel, Gurken, Frühlingszwiebeln, Karotten, Kartoffeln, Kohlrabi, Mangold, Radieschen, Rettich, Spargel, Spitzkohl, Staudensellerie, Wirsing, Zucchini, Zuckerschoten, Zwiebeln, Batavia, Eichblatt-, Endivien-, Kopf-, Eisberg-, Romanasalat, Rucola, Blaubeeren, Erdbeeren, Johannisbeeren, Kirschen, Rhabarber, Stachelbeeren

LAGERWARE: keine Lagerware

JULI

FRISCH:
Blumenkohl, Bohnen, Brokkoli, Champignons, Chinakohl, Erbsen, Fenchel, Gurken, Frühlingszwiebeln, Karotten, Kartoffeln, Knollensellerie, Kohlrabi, Lauch, Mangold, Radieschen, Rettich, Rote Bete, Rotkohl, Spitzkohl, Staudensellerie, Weißkohl, Wirsing, Zucchini, Zuckerschoten, Zwiebeln, Batavia, Eichblatt-, Endivien-, Kopf-, Eisberg-, Romanasalat, Rucola, Blaubeeren, Brombeeren, Erdbeeren, Himbeeren, Johannisbeeren, Kirschen, Mirabellen, Pflaumen, Stachelbeeren, Zwetschgen

LAGERWARE: keine Lagerware

AUGUST

FRISCH:
Aubergine, Blumenkohl, Bohnen, Brokkoli, Champignons, Chinakohl, Erbsen, Fenchel, Gurken, Frühlingszwiebeln, Karotten, Kartoffeln, Knollensellerie, Kohlrabi, Kürbis, Lauch, Mangold, Paprika, Radieschen, Rettich, Rote Bete, Rotkohl, Spitzkohl, Staudensellerie, Tomaten, Weißkohl, Wirsing, Zucchini, Zuckerschoten, Zwiebeln, Batavia, Eichblatt-, Endivien-, Kopf-, Eisberg-, Romanasalat, Rucola, Äpfel, Blaubeeren, Brombeeren, Erdbeeren, Himbeeren, Johannisbeeren, Kirschen, Mirabellen, Pflaumen, Stachelbeeren, Zwetschgen

LAGERWARE: keine Lagerware

SEPTEMBER

FRISCH:
Aubergine, Blumenkohl, Bohnen, Brokkoli, Champignons, Chinakohl, Erbsen, Fenchel, Gurken, Frühlingszwiebeln, Karotten, Kartoffeln, Knollensellerie, Kohlrabi, Kürbis, Lauch, Mais, Mangold, Paprika, Pastinaken, Radieschen, Rettich, Rote Bete, Rotkohl, Spinat, Spitzkohl, Staudensellerie, Tomaten, Weißkohl, Wirsing, Zucchini, Zwiebeln, Batavia, Eichblatt-, Endivien-, Kopf-, Eisberg-, Romanasalat, Rucola, Äpfel, Birnen, Blaubeeren, Brombeeren, Erdbeeren, Himbeeren, Holunderbeeren, Mirabellen, Pflaumen, Trauben, Zwetschgen

LAGERWARE: keine Lagerware

OKTOBER

FRISCH:
Aubergine, Blumenkohl, Bohnen, Brokkoli, Champignons, Chinakohl, Fenchel, Frühlingszwiebeln, Karotten, Kartoffeln, Knollensellerie, Kohlrabi, Kürbis, Lauch, Mais, Mangold, Paprika, Pastinaken, Radieschen, Rettich, Rosenkohl, Rote Bete, Rotkohl, Spinat, Spitzkohl, Staudensellerie, Tomaten, Weißkohl, Wirsing, Zucchini, Zwiebeln, Batavia, Chicorée, Eichblatt-, Endivien-, Kopf-, Eisberg-, Feldsalat, Rucola, Äpfel, Holunderbeeren, Quitten, Trauben, Zwetschgen

LAGERWARE:
Birnen

NOVEMBER

FRISCH:
Champignons, Chinakohl, Fenchel, Frühlingszwiebeln, Grünkohl, Karotten, Knollensellerie, Kürbis, Lauch, Pastinaken, Rosenkohl, Rote Bete, Rotkohl, Spitzkohl, Staudensellerie, Weißkohl, Wirsing, Chicorée, Endivien-, Eisberg-, Feldsalat, Rucola, Äpfel, Quitten

LAGERWARE:
Kartoffeln, Zwiebeln, Birnen

DEZEMBER

FRISCH:
Champignons, Fenchel, Frühlingszwiebeln, Grünkohl, Lauch, Pastinaken, Rosenkohl, Chicorée, Feldsalat

LAGERWARE:
Chinakohl, Karotten, Kartoffeln, Knollensellerie, Kürbis, Rote Bete, Rotkohl, Spitzkohl, Weißkohl, Wirsing, Zwiebeln, Äpfel, Birnen

BACKWAREN: KOMMT NICHT IN DIE TÜTE

Beim Bäcker kannst du einen eigenen Brotbeutel mitbringen, in den du deine Brötchen oder Brote füllen lässt. Möchtest du etwas gleich essen, lass es dir einfach auf die Hand geben. Das erinnert mich stets an meine Kindheit, als es beim Bäcker immer ein Hörnchen für mich gab.

UNVERPACKTLÄDEN: EINKAUFEN OHNE PLASTIKBERGE

Hast du schon einmal von Unverpacktläden gehört? In Deutschland gibt es diese mittlerweile in vielen größeren Städten. Dort findest du allerlei trockene Lebensmittel wie Nudeln, Reis, Hülsenfrüchte, Mehl, Zucker, Müsli, Kaffee, Gewürze, Nüsse, Süßigkeiten und vieles mehr in großen Bulk Bins, also großen Behältern, die an der Wand hängen. Du kannst deine eigenen Gläser und Beutel mitbringen, leer wiegen und diese dann mit den gewünschten Lebensmitteln füllen. An der Kasse wird das Leergewicht abgezogen, und du bezahlst deinen Einkauf. Oft gibt es auch Öl, Essig und Reinigungsmittel zum Abfüllen in großen Mehrwegkanistern. Eine Kosmetikecke rundet das Angebot ab, meist gibt es Seifen, Holzzahnbürsten, Körperpflegeprodukte und vieles mehr entweder zum Abfüllen oder in plastikfreier Verpackung. Unverpacktläden sind häufig etwas teurer als Supermärkte, da sie ihre Waren meist von regionalen Bio-Erzeuger*innen beziehen. In diesem Buch findest du aber auch zahlreiche Tipps, wie du durch Nachhaltigkeit Geld sparen und so eine Mehrausgabe durch eine andere Einsparung wieder wettmachen kannst.

EINKAUFEN UND KOCHEN

Im Unverpacktladen gibt es die Lebensmittel lose.

Lebensmittelvorräte:

Als kleine Inspiration schreibe ich dir hier zusammen, was wir an ungekühlt haltbaren Lebensmitteln für jede Reise dabei haben:

Nudeln, Reis (Parboiled oder Basmati), braune und rote Linsen, Sojagranulat, Müsli, Nussmischung, Sojasauce, Rapsöl, diverse Brotaufstriche, Natur- und Räuchertofu, vorgekochte Kichererbsen und Kidneybohnen, Mais sowie passierte Tomaten im Glas, Pesto, Tomatenmark im Glas, Seitanpulver, Dinkelmehl, Rohrzucker, Kartoffeln, Zwiebeln, Knoblauch, Gemüsebrühe, Gewürze (Salz, Pfeffer, Paprika, Curry, Muskat, Kräuter der Provence ...)

Gemüsepfanne zum Abendessen: köstlich, gesund und rasch zubereitet

EINKAUFEN UND KOCHEN

Du bist aber wahrscheinlich nicht nur in Deutschland unterwegs, daher die gute Nachricht: Südeuropäische Länder haben oft ein viel besseres Unverpacktladen-Netz als Deutschland. In Frankreich und Italien findest du diese Läden auch in kleineren Gemeinden und Städten. Meist sind sie in einen Bio-Laden integriert. Wir füllen unsere unverpackten Vorräte trotzdem erst einmal vor dem Reisestart in Deutschland auf. Wenn du in deinem Zuhause auf Rädern genug Stauraum hast, kannst du einiges mitnehmen und kommst damit eine Weile aus.

> Gerade ein paar superschnelle Gerichte sind immer gut, wenn du müde vom langen (Reise-)Tag schnell etwas Gutes essen möchtest. Sonst ist Essen to go zu verlockend, dort fällt aber leider sehr viel Müll an. Im folgenden Kapitel findest du darüber hinaus einige weitere einfache Rezepte.
>
> Nudeln + Pesto
> Reis + Gemüse für eine schnelle Gemüsepfanne
> Linsen, Räuchertofu + Currypaste
> (Rezept siehe S. 95)

Nachhaltig kochen und einfache Rezepte

Auch mit einer im Vergleich zur heimischen Küche bescheideneren Ausstattung kannst du in deinem mobilen Zuhause leckere Mahlzeiten zaubern. Dosenravioli und Tütensuppen also getrost im Supermarktregal lassen und lieber frisch und nachhaltig kochen! Wie das geht und was du dazu brauchst, erläutere ich dir im Folgenden.

ABSTECHER IN DIE FLEISCHLOSE KÜCHE

Ich habe dir auf den nächsten Seiten meine liebsten Campingrezepte aufgeschrieben. Wenn du die Zutatenliste liest, fällt dir wahrscheinlich auf, dass sie alle vegan sind. Auch wenn du weder vegan noch vegetarisch lebst, wirst du darunter dennoch etwas nach deinem Geschmack finden. Du musst jetzt natürlich nicht sofort pflanzenbasiert leben. Probiere doch einfach mal aus, ein Gericht in der Woche vegan

> Wieso schaffen wir es, pro Jahr 60 Milliarden Nutztiere zu ernähren, aber keine 8 Milliarden Menschen?

zuzubereiten. Das ist einfacher als gedacht und auch noch gut für die Umwelt. Wie du bestimmt weißt, ist Haltung, Fütterung sowie Transport und Verarbeitung der sogenannten Nutztiere nicht besonders gut für unser Klima, verbraucht sehr viel Wasser und zerstört den Regenwald, der etwa dem Anbau von Soja als Futtermittel weichen muss. Effizient ist das Ganze leider auch nicht: Um ein Kilogramm Schweinefleisch zu erhalten, braucht es 8,4 Kilogramm Futter, bei Hühnern sind es 3,4 Kilogramm Futter für ein Kilogramm Fleisch.

Du kannst schon mit kleinen Schritten einen großen Effekt erzielen, daher möchte ich einige Tipps mit dir teilen, wie du lecker vegan oder vegetarisch kochen kannst. Deine Lieblingsrezepte zu »veganisieren« ist nämlich gar nicht so schwer.

»Die Menschen gehen lieber zugrunde, als dass sie ihre Gewohnheiten ändern.«
Leo Tolstoi

ALTERNATIVPRODUKTE: FLEISCHLOS GLÜCKLICH

Auf Fleisch zu verzichten fällt den meisten sehr schwer, probiere doch einfach mal ein veganes Alternativprodukt aus. Es ist natürlich nicht sinnvoll, alle Fleischprodukte von deinem Speiseplan eins zu eins durch diese zu ersetzen, da viele davon in Plastik verpackt sind. Gerade für den Übergang kann es aber helfen, da wir Menschen nun mal Gewohnheitstiere sind und uns Umstellungen schwerfallen. Richtig gut finde ich beispielsweise die veganen Produkte von Rügenwalder Mühle, Alnatura und Like Meat, die bekommst du in vielen Supermärkten.

VEGANE MILCHPRODUKTE

… sind die Königsdisziplin! Viele sagen, sie könnten nie auf Käse verzichten, bevor sie vegan wurden. Ich auch! Tatsächlich sind in Kuhmilch – diese ist ja die Muttermilch für Kälber – Glückshormone enthalten, ähnlich wie in menschlicher Muttermilch. Diese wirken natürlich auch bei uns und können uns dazu bringen, immer wieder Milchprodukte essen zu wollen. Mit einem kleinen »Entzug« ist das aber schnell vorbei. Ich empfehle dir Margarine statt Butter und Hafermilch statt Kuhmilch (gibt es auch in der Glaspfandflasche z. B. von velike oder Voelkel) zu probieren. Allein wenn du auf pflanzliche Milch umsteigst, kannst du über die Hälfte der CO_2-Emission und des Flächen- sowie Wasserverbrauchs gegenüber Kuhmilch einsparen. Bei veganen Käsealternativen kannst du dich einfach durchprobieren. Ich mag etwa die Produkte von Happy Cashew, Simply V, Violife und bedda am liebsten.

Tipp: Eine adäquate Alternative zum Frühstücksei gibt es aktuell noch nicht. Beim Kuchenbacken kannst du Eier aber recht einfach ersetzen, z. B. durch eine zerdrückte Banane oder einen Esslöffel Apfelmus. Um etwas zu panieren, kannst du ein wenig Sojamehl mit Wasser vermengen und es, statt in Eiern, darin wenden.
Viele Rezepte kommen aber auch ganz ohne tierische Bestandteile oder Alternativprodukte aus. Für mich gibt es nichts Besseres als frisches Gemüse mit Kartoffeln, Hülsenfrüchten oder Reis. Die Natur bietet so viele tolle Kräuter und Gewürze, um den Geschmack zu verfeinern, dass uns garantiert nie langweilig wird.

Adieu Dosensuppen und Fertigpizza! Her mit frischem Gemüse und aromatischen Kräutern!

LINSENSUPPE
(2–3 Personen)

Die Linsen waschen, abtropfen lassen und mit der Gemüsebrühe 30 Minuten köcheln lassen.

Möhren, Kartoffeln und Lauch in kleine Würfel schneiden. Möhren nach 10 Minuten Kochzeit der Linsen hinzugeben, Kartoffeln und Lauch nach 20 Minuten. Mit Essig, Salz und Pfeffer abschmecken.

Petersilie oder Schnittlauch fein hacken und die gefüllten Teller damit garnieren.

200 g Linsen (braune Tellerlinsen)
1 l Gemüsebrühe
100 g Möhren
300 g Kartoffeln
1 Stange Lauch
3 EL Balsamico bianco
glatte Petersilie oder Schnittlauch

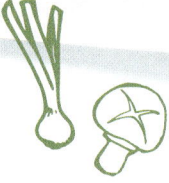

GEMÜSEPFANNE MIT REIS
(2 Personen)

Reis in gesalzenem Wasser kochen.

Gemüse klein schneiden und in Öl anbraten.

Mit Salz, Pfeffer und Kräutern der Provence abschmecken.

1 große Tasse Reis
Öl zum Braten
Gemüse nach Wahl, wir lieben Champignons, Paprika, Zucchini, Aubergine und Zwiebeln

REZEPTE

1 Zwiebel
1 Knoblauchzehe
220 g rote Linsen
1 TL Currypaste (rot)
1 Pck. Räuchertofu
0,5 l Wasser
½ Zitrone
etwas Öl
optional: 1 EL Ahornsirup
und Rosinen oder Cranberrys

LINSENDAL
(2 Personen)

Zwiebel würfeln und Knoblauch pressen oder fein hacken, in Öl im Topf anschwitzen.

Die roten Linsen 2 Minuten mitdünsten, Wasser und Currypaste hinzugeben, zugedeckt 10 Minuten köcheln lassen.

Derweil den Räuchertofu würfeln und knusprig anbraten.

Linsendal 2–3 Minuten offen weiterkochen, die Hälfte des Tofus untermengen, mit Salz abschmecken, Saft der Zitrone hinzugeben. Optional: mit etwas Ahornsirup verfeinern.

In tiefen Tellern oder Schalen mit dem restlichen Tofu und Cranberrys oder Rosinen servieren.

Teig:
1 ½ Tassen Mehl
ca. ½ Tasse Wasser
1 Würfel Hefe
1 EL Öl
1 TL Salz

Tomatensauce:
½ Glas (ca. 100 g)
Tomatenmark
etwas Wasser
Salz & Kräuter

Belag nach Wahl,
wir haben uns für Tomaten,
Mais, Oliven und veganen
Käse entschieden

OMNIA-PIZZA
(2 Stück)

Der Omnia (siehe S. 61) ersetzt einen Ofen, daher kannst du auch unterwegs Pizza, Kuchen, Ofengemüse und vieles mehr zaubern. Campingküche de luxe!

Mehl in eine Schüssel geben und Hefe hineinbröseln. Die anderen Zutaten für den Teig hinzugeben und kräftig kneten. Teig zur Seite stellen und Tomatensauce anrühren.

Teig halbieren, erste Hälfte ringförmig im Omnia (am besten mit Silikonform) andrücken. Mit Tomatensauce und Belag ca. 15 Minuten backen.

Die Backzeit variiert je nach Herdtyp, bei unserem Spirituskocher braucht die Pizza auf halber Flamme etwa 15 Minuten. Der Teig verdoppelt dabei sein Volumen, und der Käse sollte schmelzen. Dann ist die Pizza fertig. Die erste Pizza aus der Form holen und die zweite genauso zubereiten.

OMNIA-KUCHEN
(ein fluffiger Kuchen, optional auch Zitronenkuchen)

Alle Zutaten zu einem glatten Teig verrühren.

Teig in den Omnia füllen (Silikonform nutzen oder Form gut fetten) und ca. 35 Minuten bei mittlerer Hitze backen.

Mit Stäbchenprobe testen. Ist der Kuchen durchgebacken, ohne Deckel auskühlen lassen, dann stürzen.

300 g Mehl
250 g weiche Margarine
100 g Zucker
1 Prise Salz
2 EL Apfelmus
1 Pck. Backpulver
etwas Wasser
optional: Saft einer Bio-Zitrone + etwas abgeriebene Schale
oder Sckokoladenstückchen
oder Zuckerguss

OMNIA OFENGEMÜSE
(als Beilage für 2 Pers., für ein Hauptgericht entsprechend mehr kochen)

Das Gemüse in 5 mm dicke Scheiben schneiden und im Omnia verteilen, optimal ist die Silikonform, da brennt nichts an. Etwas Öl darüber geben und würzen, z. B. mit Salz, Pfeffer und Paprika.

Dann das Ganze für etwa 20 Minuten backen lassen, das Gemüse ab und zu wenden. Wenn die Kartoffeln durch sind, ist das Gericht fertig.

Im Herbst schmeckt auch Kürbis richtig lecker!

Gemüse deiner Wahl, wir nehmen gern
3 große Kartoffeln
1 Zucchino
1 Paprika
1 Zwiebel
etwas Öl
Gewürze

CURRY
(2–3 Personen)

Reis oder Naan Brot passen gut dazu.

Den Blumenkohl in kleine Röschen teilen. Die geschälten Kartoffeln würfeln und die Möhren in dünne Scheiben schneiden. Zwiebel, Knoblauch und geschälten Ingwer fein hacken. Chilischote ohne Kerne und Trennwände fein würfeln.

In einem Topf Öl erhitzen, Kartoffeln und Möhren 5 Minuten andünsten, dann Blumenkohl, Zwiebel, Knoblauch und Ingwer hinzugeben, nochmal 3 Minuten anschwitzen.

Curry und Kreuzkümmel zugeben und kurz mitdünsten. Kokosmus und Gemüsebrühe zugießen, 10 Minuten zugedeckt köcheln.

Die Linsen zugeben und weitere ca. 10 Minuten garen, bis die Linsen durch sind. Falls notwendig, mehr Brühe hinzugeben. Das Curry sollte aber eher trocken sein.

Mit Salz und Pfeffer abschmecken.

---

1 Blumenkohl
3 mittelgroße Kartoffeln
3 Möhren
1 Zwiebel
1 Knoblauchzehe
1 Stück Ingwer, ca. 2 cm
2 EL Kokosmus (gibt es im Bio-Laden im Glas, ersetzt Kokosmilch aus der Dose)
400 ml Gemüsebrühe
100 g rote Linsen
1 Chilischote oder Chilipulver
2 EL Öl
1 EL Curry, mild oder scharf, je nach Geschmack
etwas Kreuzkümmel
Salz und Pfeffer

REZEPTE

CHILI SIN CARNE
(2–3 Personen)

Zwiebel und Knoblauch klein schneiden, in einen großen Topf geben und in 100 ml der Gemüsebrühe anschwitzen. Möhren und Paprika würfeln und hinzugeben, 10 Minuten dünsten.

Passierte Tomaten, 500 ml Gemüsebrühe, Mais, Tomatenmark, Bohnen und Gewürze hinzugeben. Topf schließen und auf kleinster Stufe 20 Minuten köcheln lassen, gelegentlich umrühren.

Reis mit etwas Salz kochen. Chili abschmecken und mit dem Reis servieren.

1 Zwiebel
3 Knoblauchzehen
600 ml Gemüsebrühe
2 Möhren
1 Paprika
1 kleine Chili (je nach Schärfewunsch)
1 Flasche passierte Tomaten
1 Glas Mais
1 Glas Tomatenmark
2 Gläser Kidneybohnen
1 TL gemahlener Kümmel
1 TL Chilipulver
1 TL schwarzer Pfeffer
1 TL Salz
1 Tasse Reis

BRATKARTOFFELN
(2 Personen)

Kartoffeln in Scheiben schneiden und in Salzwasser kochen, bis sie fast durch sind. Zwiebel und Räuchertofu würfeln und in Öl anbraten.

Die Kartoffeln zugeben, mit Salz, Peffer und Muskat würzen und bis zur gewünschten Konsistenz mitbraten. Optional mit einem Schuss Sojasauce ablöschen.

Dazu passen auch prima grüne Bohnen oder ein Gemüse nach Wahl.

500 g Kartoffeln
Öl zum Braten
1 Zwiebel
1 Räuchertofu
optional einen Schuss Sojasauce und Gemüse nach Wahl (z.B. grüne Bohnen)

VEGANE STEAKS ZUM GRILLEN + KARTOFFELSALAT
(2 Personen)

Für die Steaks:
100 g Seitanpulver (erhältlich bei tegut, Reformhaus oder Bio-Laden)
Gemüsebrühe
1 TL Salz
1 TL Pfeffer
1 TL Paprikapulver
evtl. 2 TL Steakgewürz
1 Knoblauchzehe
100 ml Öl

Seitanpulver nach Packungsangabe mit Gemüsebrühe zu einer Teigkugel verarbeiten und diese 15 Minuten ruhen lassen.

Derweil gesalzenes Wasser zum Kochen bringen. Den Teig in 1–1,5 cm dicke Scheiben schneiden und für 20 Minuten im Wasser kochen. Anschließend abkühlen lassen und gut ausdrücken.

Während die Scheiben kochen, die Marinade aus Öl, klein geschnittenem Knoblauch und den Gewürzen zubereiten.

Die ausgedrückten Scheiben mit der Marinade in eine gut schließende Box geben und kräftig schütteln. Öl und Gewürze sollten sich auf allen Scheiben verteilen, evtl. mehr Öl hinzugeben.

Dann für einige Stunden ziehen lassen. Danach können die Seitanscheiben wie Steaks gegrillt oder gebraten werden.

REZEPTE

Für den Kartoffelsalat:
700 g Kartoffeln
1 Apfel
1 kleines Glas Gewürz-
gurken
1 Glas vegane Mayon-
naise (gibt es in fast jedem
Supermarkt)
Salz & Pfeffer

Kartoffeln in Salzwasser kochen, abkühlen lassen, schälen und klein schneiden.

Apfel und Gewürzgurken nach Belieben klein schneiden, mit der Mayonnaise, einem Schuss Gurkenwasser sowie Salz und Pfeffer in einer Schüssel vermengen.

Die Kartoffel hinzugeben und gut durchziehen lassen. Evtl. nachwürzen und mit den Steaks servieren.

BURRITO BOWL
(2 Personen)

Dieses Rezept braucht etwas länger für die Vorbereitung, aber es lohnt sich!

Zwiebel und Tomaten würfeln, je die Hälfte in eine kleine Schüssel geben, die andere Hälfte in einem Topf mit 1 Esslöffel Öl 1 bis 2 Minuten anbraten.

Gemüsebrühe vorbereiten, Quinoa in den Topf geben und mit der Gemüsebrühe auffüllen. Salzen und pfeffern, aufkochen lassen, dann 15 Minuten mit geschlossenem Deckel auf niedrigster Stufe köcheln lassen. Vom Herd nehmen und 10 Minuten quellen lassen.

Limette halbieren, Saft einer Limettenhälfte in die Schüssel mit den Tomaten und Zwiebelwürfeln geben. 1 Esslöffel Öl dazugeben und mit Salz abschmecken. Je nach Geschmack etwas gehackten Koriander untermischen.

Chili halbieren, Kerne entfernen und fein hacken. Dann in einer Pfanne mit 1 Esslöffel Öl 1 Minuten anbraten.

Kidneybohnen dazugeben, 2 bis 3 Minuten braten. Mit Kumin würzen und gut vermengen, vom Herd nehmen.

Salat in feine Streifen schneiden. Avocado halbieren, Kern entfernen, Fruchtfleisch mit einem Löffel aus der Schale lösen und ebenfalls in Streifen schneiden.

Alles auf einem großen Teller oder in einer Schüssel anrichten, mit restlichem Limettensaft und eventuell Koriander bestreuen.

---

1 Zwiebel
2 Tomaten
3 EL Öl
100 g Quinoa
200 ml Gemüsebrühe
1 Limette
1 kleine Chilischote
1 Glas Kidneybohnen
1 Romanasalatkopf
1 Avocado
Salz, Pfeffer, Kumin (Kreuzkümmel)
optional Koriander

REZEPTE

 KIDNEYBOHNEN-ERDNUSS-EINTOPF
(2 Personen, inspiriert von eat-this.org)

Zwiebel und Tomaten würfeln. Öl in einen heißen Topf geben, Zwiebelwürfel 2 Minuten anbraten.
Reis kochen.

Tomaten zu der Zwiebel geben und 5 Minuten köcheln lassen, bis die Tomaten zerfallen. Knoblauch fein hacken und zusammen mit dem Kreuzkümmel, Sambal Oelek und den Bohnen in den Topf geben.

Erdnussbutter unterrühren, mit Salz abschmecken, kurz aufkochen und anschließend mit Deckel 3 Minuten köcheln lassen. Bei Bedarf 50 ml Wasser dazugeben.

Mit dem Reis servieren und mit Petersilie garnieren.

1 Zwiebel
600 g Tomaten
1 EL Öl
1 Tasse Reis
3 Knoblauchzehen
1 TL Kreuzkümmel
2 TL Sambal Oelek
250 g Kidneybohnen aus dem Glas
1 EL Erdnussbutter (oder mehr, je nach Geschmack)
1 TL Salz
10 g Petersilie

Müll in der Küche vermeiden

Nicht nur beim Einkauf von Lebensmitteln entsteht eine Menge Müll, sondern auch beim Kochen. Wenn du Zero Waste auch in der Campingküche anstrebst, kannst du mit ein bisschen Kreativität, Fantasie und gutem Willen einiges an Müll vermeiden.

FÜR DIE EWIGKEIT: VON STOFFKAFFEEFILTER BIS GLASSTROHHALME

Wir starten unseren Morgen auf Reisen meist mit einem Kaffee oder Tee. Da geht es auch schon los mit dem ersten Müll des Tages. Kaffeefilter aus Papier können prima durch einen Filter aus Stoff oder auch einen permanenten Edelstahlfilter ersetzt werden. Beide funktionieren wie ganz feine Siebe, der Kaffeesatz bleibt darin hängen. Auch sehr einfach lässt sich das Morgengetränk mit einer sogenannten French Press zubereiten, dabei wird der Kaffeesatz mit dem Siebstempel nach unten gedrückt. Das spart auf Dauer Geld, da diese Alternativen jahrelang wiederverwendet werden können. Du findest sie im Unverpacktladen, vielen Bio-Läden, in großen Kaufhäusern oder online.

EINKAUFEN UND KOCHEN

Teebeutel enthalten manchmal sogar Plastik oder sind noch zusätzlich einzeln verpackt. Das ist absolut unnötig, und du kannst es umgehen, indem du losen Tee kaufst. Auch wenn du eine größere Tüte Tee im Supermarkt kaufst, sparst du insgesamt viel Verpackung ein. Optimal wäre ein Kauf im Unverpacktladen oder etwa bei KarmaKollektiv, sie verkaufen Tee in Pfandgläsern (die gleichen wie bei Joghurt), die du überall zurückgeben kannst. Deinen losen Tee kannst du statt in Einwegfilter in ein Tee-Ei oder ein kleines zuklappbares Sieb füllen. Das funktioniert sehr gut und lässt sich prima reinigen.

Möchtest du dein Frühstück für unterwegs einpacken oder bleibt beim Kochen etwas übrig, dann nutze doch lieber Brotboxen, Bienenwachstücher oder vegane Wachstücher statt Alu- und Frischhaltefolie. Die Wachstücher kannst du abwaschen und wiederverwenden, du findest sie in vielen Drogerien, Supermärkten, im Unverpacktladen oder online. Bei Brotboxen setze ich auf Edelstahlbrotboxen. Diese sind nicht nur sehr schick, sondern halten auch ewig. Wenn sie doch irgendwann kaputtgehen, kann der Edelstahl wunderbar recycelt werden. Gute Erfahrungen habe ich mit den Marken ECO Brotbox, memolife und KOFFA gemacht.

> »Umweltschutz ist eine Chance und keine Last, die wir tragen müssen.«
> Helmut Sihler

Nutzt du gern Strohhalme? Dann kannst du auf Glas- oder Edelstahlstrohhalme zurückgreifen. Sie sind sehr stabil, einfach mit einem beiliegenden Bürstchen zu reinigen und sehen richtig schick aus. Es gibt sie mitunter schon im Supermarkt, in der Drogerie oder im Reformhaus.

Brauchst du Spieße (z. B. zum Grillen), kannst du beim nächsten Mal solche aus Edelstahl kaufen, diese sind sehr lange haltbar, abwaschbar und sparen auf lange Sicht auch wieder Geld.

LEBENSMITTELVERSCHWENDUNG VERMEIDEN

In Deutschland werden pro Jahr ca. zwölf Millionen Tonnen Lebensmittel weggeworfen, die Hälfte davon fällt in privaten Haushalten an, das sind etwa 75 Kilogramm pro Person. Laut einer Studie der Gesellschaft für Konsumforschung aus dem Jahr 2018 sind 55 Kilogramm davon vermeidbar. Die verschwendeten Lebensmittel kosten uns Millionen Liter Wasser, umsonst genutzte landwirtschaftliche Flächen und führen etwa zu 38 Millionen Tonnen CO_2, was 4 Prozent der in Deutschland erzeugten Treibhausgase entspricht. Weniger Lebensmittel wegzuwerfen ist also nicht nur gut für den Geldbeutel, sondern auch für das Klima.

Viele Konsumenten sind sich unsicher, wie sie mit dem Mindesthaltbarkeitsdatum (MHD) umgehen sollen. Das MHD bedeutet, dass ein Lebensmittel bis zu diesem Datum auf jeden Fall haltbar ist. Viele Produkte sind aber auch darüber hinaus noch genießbar. Besonders eingeschweißte oder eingeweckte Lebensmittel in Gläsern oder Dosen halten deutlich länger als angegeben. Aufpassen solltest du nur bei dem Verzehrdatum, dieses findest du meist auf Fleisch- oder Fischpackungen. Lebensmittel, bei denen ein Verzehrdatum angegeben ist, solltest du nicht noch nach dessen Ablauf essen.

Um generelle Unsicherheit zu vermeiden, ob ein Produkt noch verzehrt werden kann oder nicht, ist es geschickt, den Einkauf sinnvoll zu planen. In deinem Zuhause auf Rädern ist wahrscheinlich ohnehin nicht so viel Platz, sodass du nicht in Versuchung gerätst, viel zu viel zu kaufen. Gerade die Kühlbox ist oft viel kleiner als der heimische Kühlschrank, und du musst dir gut überlegen, ob das, was du zu kaufen planst, auch alles hineinpasst. Es ist außerdem ratsam, nicht hungrig einkaufen zu gehen. Wenn ich das tue, kaufe ich deutlich mehr, als ich brauche, und riskiere so, einiges wegwerfen zu müssen. Hilfreich ist auch ein klassischer Einkaufszettel. Beim Schreiben überlegst du dir am besten, was du in dieser Woche alles kochen und essen möchtest. So vermeidest du auch, unnötig oft einkaufen gehen zu müssen. Auch wenn es ein bisschen spießig klingt: Ich liebe es, mir einen Wochenplan zu schreiben und aufzulisten, welche Gerichte ich zubereiten möchte. Das kann auch wunderbar im Kreis der Familie entschieden werden. Dadurch vermeidest du auch das tägliche Grübeln darüber, was heute wieder gekocht werden soll, und verhinderst, dass manche Lebensmittel einfach in Vergessenheit geraten.

Tipp: Hier habe ich noch ein paar Ratschläge für dich, worauf du beim Einkaufen achten kannst, um Lebensmittelverschwendung zu vermeiden: Ich greife bei Obst und Gemüse gern zu den nicht ganz perfekten Stücken, wenn ich vorhabe, sie schnell zu verbrauchen. So kannst du zum Beispiel Äpfel mit kleineren Druckstellen, krummes Gemüse oder einzelne Bananen retten. Diese liegen leider oft so lange im Laden, bis sie weggeworfen werden, da niemand sie kaufen möchte. Einige Supermärkte und Bäckereien verkaufen Backwaren vom Vortag zu kleineren Preisen – das ist auch eine tolle Möglichkeit, Lebensmittel zu retten und Geld zu sparen.

MÜLLTRENNUNG UNTERWEGS

An vielen Orten und auch auf manchen Campingplätzen wird der Müll nicht konsequent getrennt. Oft gibt es nur einen Mülleimer, in den alles unsortiert geschmissen wird, oder ausschließlich Restmülltonnen, in denen jede Art von Müll landet. Wenn du an solchen Plätzen bist, empfehle ich dir, deinen Müll einfach bis zum nächsten Ort mitzunehmen und dann getrennt zu entsorgen. Sonst könnten wertvolle Ressourcen verloren gehen. Das meiste vom Restmüll wird nämlich verbrannt oder auf Deponien gelagert. In Deutschland klappt das Mülltrennen schon ziemlich gut. Es gibt aber dennoch viele Dinge, die gar nicht in die Tonne gehören, in die wir sie intuitiv sortieren würden. Daher habe ich eine kleine Übersicht erstellt:

Mülltrennung klappt auch im Urlaub und schont die Natur.

Tipp: Joghurtbecher und Gläser (z. B. von Apfelmus) musst du vor der Entsorgung nicht ausspülen. »Löffelrein« genügt, da die Behältnisse im Recyclingprozess ohnehin gespült werden.
Kannst du eine Glasflasche keiner Farbe zuordnen, wirf sie in den Grünglas-Container. Diese Farbe verträgt die meisten Fehlfarben beim Einschmelzen.

EINKAUFEN UND KOCHEN

Das darf in die Papiertonne:
Kartonagen, Papiertüten, Zeitungen, Pappe

das nicht:
beschichtete Zeitschriften, Kassenzettel, verschmutztes Papier (z.B. Pizzakartons), Fotos

Das kommt in den gelben Sack:
Kunststoffverpackungen wie Plastikflaschen, Tuben, Plastiktüten, -schalen, -netze, Konservendosen, Tetrapacks, Metallverpackungen aus Blech oder Alu, Styropor – der grüne Punkt gibt hier Orientierungshilfe

das nicht:
Zahnbürsten, Rasierer, CDs, Plastikspielzeug, Feuerzeuge

Das darf in die Glascontainer:
Altglas, z.B. Marmeladengläser, Weinflaschen und andere Getränkeflaschen ohne Pfand

das nicht:
Trinkgläser, Fensterglas, Kristallglas, Spiegelglas, Porzellan, Keramik, Glühbirnen, Vasen

Das kommt in den Biomüll:
Obst- und Gemüseabfälle, Eierschalen, Teebeutel ohne Plastik, Essensreste, verschimmelte Lebensmittel, kleinere Gartenabfälle

das nicht:
Bio-Plastik (auch nicht die Bio-Plastikmüllbeutel), Haustierkot

Das darf in die Restmülltonne:
Hygieneartikel wie Tampons, Windeln, Scherben, Fotos, verschmutztes Papier, Asche, Kerzen, Gummi, Haustierkot, CDs, Zahnbürsten, Rasierer, Kassenzettel, Plastikspielzeug, Feuerzeuge, Glühbirnen

das nicht:
Energiesparlampen

Mein Ziel: intakte Umwelt, saubere Flüsse, unverseuchtes Trinkwasser

EIN SCHLÜCKCHEN UMWELTFREUNDLICHER: TRINKWASSER OHNE EINWEGFLASCHEN

Wasserflaschen und andere Getränkeverpackungen machen einen großen Teil unseres täglichen Mülls aus. Wir haben zwar ein etabliertes Pfandsystem, aber leider können Einwegplastikflaschen nicht eins zu eins recycelt werden. In neuen Flaschen stecken nur ungefähr 30 Prozent recyceltes Plastik. Oft ist nur sogenanntes Downcycling möglich, die Flaschen werden geschreddert und zu Einkaufstaschen, Folien, Parkbänken, Blumentöpfen und Ähnlichem verarbeitet. Für die nächste Generation Flaschen wird also immer noch viel neuer Kunststoff benötigt.

Besser für die Ökobilanz sind Mehrwegflaschen aus Plastik, diese sind oft deutlich stabiler und werden bis zu 25-mal wieder befüllt, bevor sie geschreddert werden. Mehrwegflaschen aus Glas werden etwa 40- bis 50-mal wieder befüllt. Glas hat den Vorteil, dass es unendlich recycelt werden kann, es wird eingeschmolzen und wieder zu Flaschen geformt. Das kostet aber einiges an Energie.

Am besten ist es daher, soweit wie möglich auf Flaschen zu verzichten. In Deutschland kann stattdessen das Leitungswasser problemlos getrunken werden. Wer lieber Sprudelwasser mag, kann sich einen Wassersprudler zulegen. In einem großen Wohnmobil ist dafür vielleicht sogar Platz, aber die meisten kaufen unterwegs wohl doch eher Plastikflaschen. Eine Möglichkeit ist, hier größere Trinkwasserkanister zu kaufen.

Für uns kam als Lösung nur infrage, einen Wasserfilter zu installieren, damit wir in jedem Land das Leitungswasser trinken können. Das spart auch wieder Geld, das wir im Urlaub dann an anderer Stelle zur Verfügung haben. Es gibt tolle kleine Wasserfilteranlagen, die problemlos in einem Campervan, Wohnwagen oder Wohnmobil zwischen Wassertank und Wasserhahn installiert werden können.

Wir haben uns für einen Untertisch-Wasserfilter der Marke CARBONIT VARIO HP entschieden. Dieser filtert Schwermetalle wie Kupfer und Blei, Chlor, Medikamentenrückstände, Pestizide sowie Mikroorganismen, Kalk- und Rostpartikel und viele andere Stoffe, die wir nicht im Trinkwasser haben möchten, heraus. Gelöste Mineralien bleiben aber erhalten. Alternativ gibt es auch simple Aufsätze für den Schlauch, den du zum Befüllen deines Tanks nutzt. So wird das Wasser sogar gefiltert, bevor es in deinem Tank oder Kanister landet.

Für den Durst unterwegs: meine Edelstahltrinkflasche

Für unterwegs habe ich meine unkaputtbare Edelstahltrinkflasche. Es gibt auch sehr schöne Flaschen aus Glas. Diese reinige ich regelmäßig mit einer Flaschenbürste und etwas Spülmittel und kann sie danach immer und immer wieder befüllen. Empfehlen kann ich die Marken Salty Mind und Klean Kanteen, wenn du dich für eine Edelstahlflasche entscheidest, und soulbottles, wenn du Glasflaschen bevorzugst. In vielen europäischen Ländern sind im Übrigen deutlich mehr kostenlose Trinkwasserbrunnen vorhanden als in Deutschland.

EINKAUFEN UND KOCHEN

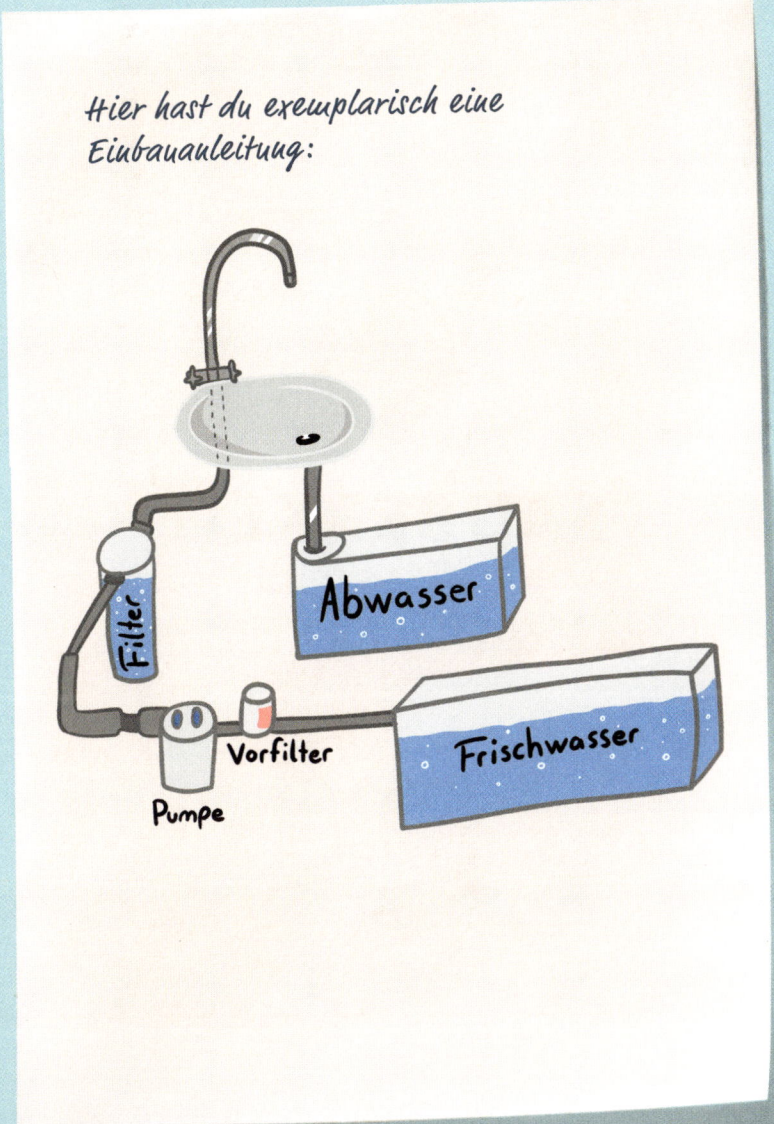

SAUBERKEIT
und Putzen

Plastikfreier Strand, plastikfreies Meer – lies, was du tun kannst!

Das Problem mit dem Abwasser

In unseren Wohnungen und Häusern betätigen wir den Wasserhahn oder die Toilettenspülung. Aus den Augen, aus dem Sinn. Aber gerade beim Campen habe ich mich öfter gefragt, was passieren würde, wenn der Abwassertank auslaufen würde. Da wir Camper*innen bei unseren Wohnmobilen den Tank selbst leeren oder, wie bei uns im Van, sogar den Kanister zur Entleerung tragen müssen, ist der Bezug zum Thema Abwasser unmittelbarer. Ideal wäre es, wenn uns der Inhalt des Tanks überhaupt keine Sorgen bereiten müsste. Und tatsächlich ist das gar nicht so schwer.

Konventionelle Produkte zu Körperpflege, Geschirrspülen oder Putzen enthalten viele Stoffe, die nicht biologisch abbaubar sind, zum Beispiel synthetische Konservierungsmittel, Farbstoffe, Duftstoffe, Mikroplastik und vieles mehr. Diese werden in Kläranlagen aufwendig herausgefiltert. Übrig bleibt dabei der sogenannte Klärschlamm. Dieser ist teilweise so stark belastet, dass nur noch ein kleiner Teil zur Düngung in der Landwirtschaft genutzt werden kann. 2016 sind in Deutschland 1,8 Millionen Tonnen Klärschlammtrockensubstanz angefallen, der Großteil davon wurde verbrannt. Wir tun nicht nur den Klärwerken, sondern auch der Natur und unserer Gesundheit einen großen Gefallen, wenn wir so wenig wie möglich nicht-biologisch abbaubare Stoffe in den Wasserkreislauf bringen.

Ökologisch Geschirr spülen

Nach dem Picknick auf der Blumenwiese, dem Candle-Light-Dinner unterm Sternenhimmel oder auch nach der ganz normalen Brotzeit kommst du um die lästige Pflicht des Geschirrspülens nicht herum. Damit dabei keine Stoffe in die Umwelt geraten, die sie belasten, gehören in deinen Camping-Putzschrank biologisch abbaubares Spülmittel, umweltfreundliche Schwämme und Spültücher.

Bekannte und vertrauenswürdige Marken umweltverträglicher Spülmittel sind z.B. Sonett, ecover, AlmaWin oder memo (erhältlich in vielen Drogerie- und Supermärkten).

UMWELTSCHONENDE SPÜLMITTEL

Konventionelle Marken verwenden oft Tenside auf Erdölbasis. Bio-Spülmittel hingegen setzen auf schonendere Inhaltsstoffe. Hast du einen Unverpacktladen in der Nähe oder kommst du auf dem Weg an einem vorbei? Dann füll doch das Spülmittel einfach nach und spare dadurch unnötige Plastikverpackungen.

Es gibt Spülmittel nicht nur in flüssiger Form, sondern auch als festes »Spüli«, etwa von hello simple. Du kannst die Spülseife einfach kurz unter fließendes Wasser halten oder mit der Spülbürste eine kleine Menge abreiben und wie gewohnt abwaschen.

SCHWÄMME UND SPÜLTÜCHER

Herkömmliche Schwämme und Spültücher bestehen oft aus Plastik. Beim Spülen reißen mit der Zeit immer wieder winzige Teile ab und gelangen ins Abwasser. Somit produzierst du ungewollt dein eigenes Mikroplastik. Besser ist es, eine Spülbürste aus Holz, Bio-Schwammtücher aus Zellulose und Baumwolle oder Spüllappen aus Baumwolle zu verwenden. Bei der Spülbürste muss nur hin und wieder der Kopf gewechselt werden, da dieser sehr langlebig ist, spart dir das viel Geld. Spülbürsten gibt es in vielen Supermärkten, Drogerien, Bio-Läden oder im Unverpacktladen.

> Tolle handgenähte Spülschwämme und Spültücher kannst du etwa online bei selinatur.de bestellen.

Umweltfreundlich reinigen

Den Putzlappen schwingen lässt sich leider auch im Urlaub nicht vermeiden. Doch ist das Zuhause auf Rädern viel kleiner und schneller geputzt als die heimische Wohnung. Und nach getaner Arbeit winkt der süße Müßiggang, wie er sich für die Ferien gehört.

UMWELTSCHONENDE PUTZMITTEL

Für die meisten Oberflächen in deinem Zuhause auf Rädern kannst du diesen selbst gemachten Essigreiniger verwenden:

Zutaten: 5-prozentiger Essig, Orangen und Zitronenschale

Findest du Essig nur in Plastikflaschen, kannst du Essigessenz in der Glasflasche kaufen und selbst zu Essig verdünnen. Meist enthält Essigessenz 25 Prozent Säureanteil, das heißt, auf ein Teil Essigessenz kommen 4 Teile Wasser, so erhältst du 5-prozentigen Essig.

Schäle eine Orange und/oder Zitrone und schneide die Schale in kleine Stücke. Diese gibst du in eine Glasflasche und füllst sie mit deinem Essig auf. Lass das Ganze ein paar Wochen ziehen und entferne dann die Schalenstücke wieder. Nun haben

Zum Putzen der Fenster empfehle ich folgendes Rezept:

Zutaten:
250 ml Wasser
250 ml Spiritus (am besten 100-prozentiges Bio-Ethanol)
2–3 TL Apfelessig (je nach Verschmutzung)
und eine leere Sprühflasche

Alle Zutaten in die Flasche geben und einmal kurz schütteln, fertig ist der Fensterreiniger.

SAUBERKEIT UND PUTZEN

Rasch den Milo geputzt, und dann nichts wie raus!

Hier siehst du ein paar Alternativen zu herkömmlichen Putzmitteln.

SAUBERKEIT UND PUTZEN

sich die ätherischen Öle aus der Schale in den Essig gelöst. Du erhältst einen Allzweckreiniger, mit dem du wunderbar Waschbecken, Toilette, Arbeitsplatte und Fußboden putzen kannst. Er wirkt besonders gut gegen Kalk, tötet Bakterien und Schimmelpilze ab.

Ist Selbermachen eher nichts für dich, dann empfehle ich dir, auf ökologische Reinigungsmittelmarken zurückzugreifen. Diese findest du mittlerweile auch in vielen Drogerie- und Supermärkten, etwa ecover, Sonett, sodasan oder die dm-Hausmarke nature. Produkte von Sonett findest du auch im Unverpacktladen in großen Kanistern. Dort kannst du dir deine Produkte in mitgebrachte Flaschen abfüllen.

Praktisch auf Reisen sind auch die Putzmitteltabs von Biobaula. Du kaufst das Reinigungsmittel in Form einer Brausetablette und löst diese einfach in Wasser auf, z. B. in einer alten Sprühflasche. Dabei sparst du nicht nur Verpackung, sondern auch Gewicht.

MITTEL GEGEN LÄSTIGEN KALK

Um deinen Wasserkessel zu entkalken, kannst du Zitronensäurepulver nehmen. Dieses gibt es in der Drogerie, im Supermarkt oder im Unverpacktladen. Einfach ein bis zwei Esslöffel davon mit einem Liter Wasser in deinen Kessel füllen und aufkochen. Das Wasser danach wegschütten und noch einmal mit klarem Wasser kochen. Danach kannst du deinen sauberen und vor allem kalkfreien Kessel wieder benutzen.

Wäsche waschen

Ein paar Alltagspflichten wirst du auch im Urlaub nicht los. Wenn der Stauraum im Campervan nur begrenzt ist und das Kleiderfach eher klein ausfällt, wirst du um das Wäschewaschen nicht herumkommen. Und wenn die Wäsche dann frisch – und umweltverträglich – gewaschen im Wind flattert, kannst du dich auf deine sauberen, frisch duftenden Lieblingsstücke freuen.

ÖKOLOGISCHES WASCHMITTEL

Da wir zum Wasserauffüllen und Duschen alle paar Tage auf einen Campingplatz fahren, waschen wir unsere Wäsche meist auch dort. Ein plastikfreies und ökologisches Waschmittel zu finden war gar nicht so einfach, deshalb habe ich vor ein paar Jahren angefangen, mein Waschmittel selbst herzustellen. Mittlerweile gibt es aber einige andere Möglichkeiten. Das Waschmittel der Marke Frosch im Karton ist z. B. nicht zusätzlich in Plastik verschweißt. Wer bei einem Unverpacktladen vorbeikommt oder die Vorräte auffüllt, kann ein paar leere Flaschen mit Flüssigwaschmittel oder auch einen Eimer mit Waschpulver füllen. Wo kein solcher Laden in der Nähe ist, rate ich, alternativ zu ökologischen Waschmitteln etwa der Marken sodasan, Sonett, ecover, AlmaWin, memo oder Klar zurückzugreifen. Viele der Marken gibt es im Drogerie- oder im Supermarkt. Unser Wasser möglichst wenig zu belasten steht hier an erster Stelle!

Falls du gern mal das selbst gemachte Waschmittel testen möchtest, hier das Rezept:

Zutaten:
1 l Wasser
20 g Kernseife
5 EL Natron oder 4 EL Waschsoda
5–10 Tropfen ätherisches Öl

Wasser kochen, Kernseife reiben, diese mit dem heißen Wasser übergießen und mit einem Schneebesen rühren, bis sich alles aufgelöst hat. Abkühlen lassen, dann die anderen Zutaten unterrühren.

Anwendung:
2–4 EL pro Waschgang ins Waschmittelfach

Tipp: Besitzt du Kleidung aus synthetischen Stoffen wie Polyester, Acryl etc., nutze am besten einen Guppyfriend Washingbag. Durch die Reibung mit anderer Kleidung und der Trommel lösen sich bei jeder Wäsche kleinste Fasern aus deiner Kleidung und verursachen das bekannte Mikroplastik. Unsere Kläranlagen können dieses nicht ausreichend herausfiltern, so gelangt es in Flüsse und Meere. Der Guppyfriend ist wie eine Art Wäschesack, der aber so feine Poren aufweist, dass er das meiste an entstehendem Mikroplastik auffangen kann. Dieses sammelt sich mit der Zeit in Form von Flusen an den Innenwänden des Beutels, du kannst es dort abzupfen und im Restmüll entsorgen.

»Man sollte *nie* daran *zweifeln*, dass eine kleine Gruppe kluger, engagierter Menschen *die Welt verändern* kann. In der Tat ist das der einzige Weg, der jemals Erfolg hatte.«

Margaret Mead

Sonnenaufgang über der Campingwiese: Das lockt sogar Morgenmuffel aus den Federn.

HYGIENE
und Kosmetik

Plastikfreie Körperpflege und einfache Rezepte

Oft werde ich gefragt, wie und wo Anfänger*innen in Sachen Nachhaltigkeit am besten starten können und was am einfachsten ist. Meine Antwort: im Badezimmer! Für mich war es der erste Bereich, der komplett umweltfreundlich und plastikfrei wurde und bis heute auch ist.

NATURKOSMETIK: MIT SIEGEL ODER SELBST GEMACHT

Gerade unterwegs in der Natur spielt es eine große Rolle, welche Produkte wir für unseren Körper verwenden. Alles kann in die Umwelt gelangen. Wenn wir im See schwimmen, uns die Hände waschen, nach dem Strand duschen oder ein Spray für den Körper verwenden, gelangen die in den Produkten enthaltenen Stoffe ins Wasser oder in die Luft. Dort können sie großen Schaden anrichten, wenn wir das zulassen. Mit zertifizierter Naturkosmetik oder simplen selbst gemachten Produkten kann dies nicht passieren.

Woran erkennst du zertifizierte Naturkosmetik? Um echte Naturkosmetik zu finden, helfen dir einige Siegel, die ich dir im Folgenden kurz vorstellen möchte.

Die gängigen Siegel haben einige gemeinsame Kriterien, die für die Prüfung der Produkte relevant sind:

- Verzicht auf synthetische Farb- und Duftstoffe sowie Konservierungsstoffe (z. B. Parabene)
- Verzicht auf erdölbasierte Inhaltsstoffe (z. B. Paraffine)
- Verzicht auf Silikone
- Verzicht auf gentechnisch veränderte Organismen
- Alle Inhaltsstoffe müssen natürlichen Ursprungs oder naturidentisch sein.
- je nach Zertifizierungsstufe: Ein festgelegter Mindestanteil an Inhaltsstoffen muss aus Bio-Anbau stammen.
- möglichst umwelt- und ressourcenschonende Herstellung der Produkte
- möglichst umweltschonende/recycelbare Verpackungen

Die drei wichtigsten Siegel:

BDIH
Das BDIH-Siegel (»Kontrollierte Naturkosmetik«) definiert Mindestkriterien für Naturkosmetik. Der BDIH (Bundesverband der Industrie- und Handelsunternehmen für Arzneimittel, Reformwaren, Nahrungsergänzungsmittel und kosmetische Mittel e.V.) ist ein Non-Profit-Verein. Das Siegel ist weitverbreitet.

NATRUE
Das ebenfalls vertrauenswürdige NATRUE-Siegel ist ursprünglich in Eigeninitiative der Industrie entstanden und inzwischen sehr weit verbreitet.

ECOCERT
In Deutschland seltener, aber ebenfalls vertrauenswürdig ist das Siegel von ECOCERT. Dieses zertifiziert neben Kosmetik- auch Reinigungsprodukte.

NATURVERTRÄGLICHE PRODUKTE ZUR KÖRPERPFLEGE

Jetzt weißt du, wie du vertrauenswürdige Produkte erkennen kannst. Fangen wir also mal mit einer typischen Ausstattung deines Kulturbeutels oder Mini-Badezimmers für unterwegs an:

DUSCHGEL

In herkömmlichen Duschgels sind meist stark wirkende Tenside namens PEG (Polyethylenglykol) oder PEG-Derivate enthalten, die die Haut reinigen und für viel Schaum sorgen sollen. Allerdings machen diese Stoffe die Haut durchlässiger für Fremdstoffe. Häufig sind auch problematische Duftstoffe zugesetzt, die schwer biologisch abbaubar sind und Allergien auslösen können. In manchen Produkten, oftmals in Peelings, versteckt sich tatsächlich auch noch Mikroplastik. Dieses können unsere Kläranlagen kaum herausfiltern, und so gelangt es über den Klärschlamm teilweise als Dünger auf die Felder. Dies kannst du umgehen, indem du auf naturkosmetische Duschgels zurückgreifst.

ALTERNATIVE ZUM DUSCHGEL: SEIFE

Probiere doch auch einmal aus, ob dir nicht ein Stück Seife für den Körper reicht. Es gibt mittlerweile eine große Auswahl an Naturkosmetik-Seifen mit natürlichen Duftstoffen. Dabei sparst du zusätzlich die Plastikverpackung und eine Menge Geld. Ein Stück Seife reicht oft so lang wie etwa fünf herkömmliche Duschgels. Das liegt unter anderem daran, dass Duschgel zu 90 Prozent aus Wasser besteht. Nur 10 Prozent waschaktive Substanzen befinden sich in der Flasche. Ein Stück Seife hingegen enthält nur 20 Prozent Wasser, kann nicht auslaufen und spart überdies Platz im Gepäck. Der perfekte Reisebegleiter!

HYGIENE UND KOSMETIK

Mit diesen Marken habe ich sehr gute Erfahrungen gemacht:

Alverde, Weleda, Speick, Dr. Bronner's, Dr. Hauschka (erhältlich in Drogeriemärkten, z. B. dm-drogerie markt)

Aleppo (erhältlich im Bio-Laden oder im Reformhaus)

Mara Naturkosmetik (online erhältlich)

Tipp: Du kannst ein Seifensäckchen für die Aufbewahrung deiner Seife in der Dusche benutzen. Damit schäumt die Seife auch besser, du kannst sie gut festhalten und hast gleichzeitig noch einen Peelingeffekt beim Waschen. Diese Säckchen gibt es in vielen Drogerien und Supermärkten, achte nur darauf, dass sie komplett aus Sisal bestehen und nicht aus Polyester. Für die Aufbewahrung in einer Tasche oder im Schrank empfehle ich eine Seifendose aus Edelstahl. Lass die Seife erst etwas trocknen, bevor du die Dose verschließt.

RASIERER

Viele Rasierer bestehen hauptsächlich aus Plastik, die Klingen sind ebenfalls mit Plastik umrahmt und werden recht schnell stumpf. Eine gute Alternative ist der Rasierhobel. Dieser hat oben meist einen abnehmbaren Kopf, dort muss nur eine Standard-Rasierklinge eingesetzt werden. Rasierklingen werden in kleinen Papierumschlägen verkauft und sind sehr günstig (10–20 Cent pro Stück). Zudem bleibt eine Klinge mehrere Monate scharf, sie kann danach um 180 Grad gedreht werden und nochmal so lange genutzt werden. Ich besitze meinen Rasierhobel jetzt seit zwei Jahren und habe mich noch nie geschnitten. Gute Rasierhobel gibt es von den Marken EcoYou, Mühle und vielen mehr (erhältlich im Unverpacktladen, Naturkaufhaus oder online).

Zutaten für das selbst gemachte Peeling:
1 EL Salz
Olivenöl

Salz in ein Gläschen füllen. Mit Olivenöl auffüllen, bis das Salz bedeckt ist.

PEELING

Entweder du greifst auch bei Peelings auf ein zertifiziertes Naturkosmetikprodukt zurück, oder du machst dein Peeling einfach selbst. Das geht sehr einfach, und du hast die Zutaten mit Sicherheit bereits in deinem Zuhause auf Rädern dabei (Rezept siehe S. 134).

Dieses Peeling kannst du einfach nach dem Duschen auf die noch feuchte Haut auftragen, sanft verreiben und abspülen. Danach ist die Haut wunderbar weich und direkt gepflegt vom Olivenöl. Das Peeling konserviert sich durch das Salz selbst und hält mehrere Monate. Du kannst aber auch einfach immer nur die benötigte Menge frisch anrühren.

SHAMPOO, SPÜLUNG UND CONDITIONER

Mittlerweile gibt es sehr viele Alternativen zu den herkömmlichen Shampoos, in denen oft aggressive Tenside enthalten sind, die Kopfhaut und Haare austrocknen und die Talgdrüsen schneller nachfetten lassen. Ich verwende am liebsten Haarseife von Aleppo (erhältlich im Bio-Laden oder im Reformhaus) oder Mara Naturkosmetik (tegut, online). Diese sind in einer kleinen Papierschachtel verpackt. Es gibt aber auch feste Shampoos etwa von Alverde (dm-drogerie markt), Lamazuna (tegut, Unverpacktladen, Bio-Laden, online), Alterrra (Rossmann) und vielen mehr. Da jede Kopfhaut und jedes Haar anders ist, solltest du selbst ausprobieren, was am besten zu dir passt. Das kann ein bisschen mühsam sein, aber es wird sich lohnen. Ich muss heute meine Haare nur noch alle drei bis vier Tage waschen und bin sehr zufrieden.

Für weniger Plastik im Bad sorgen auch feste Spülungen oder Conditioner, ich verwende einen von Lamazuna, um meine Haare nach der Wäsche zusätzlich zu pflegen. Du musst also auch darauf nicht verzichten.

WATTESTÄBCHEN

Unsere Ohren sind Meister darin, sich selbst zu reinigen, daher ist der Gebrauch von Ohrenstäbchen eigentlich überflüssig. Solltest du sie trotzdem brauchen, kaufe lieber Ohrenstäbchen, die komplett ohne Plastik auskommen. Es gibt auch wiederverwendbare Alternativen aus Edelstahl (Ohrschlinge bzw. Ohrlöffel), diese erhältst du etwa im Unverpacktladen oder in der Apotheke. Im dm-drogerie markt bekommst du eine Variante aus medizinischem Silikon namens Clears, diese kannst du ebenfalls jahrelang verwenden und nach der Benutzung einfach reinigen.

DEO

Auch herkömmliche Deodorants enthalten synthetische Duftstoffe, Farbstoffe und Konservierungsmittel, oft sogar Silikone oder Erdölprodukte (also Kunststoffe). Diese sollten nicht in die Natur gelangen und können überdies der Haut schaden. Deosprays werden außerdem in Aluminiumdosen verkauft. Bei der Gewinnung von Aluminium wird viel Wasser verschmutzt und die Umwelt regelrecht verseucht. Wenn du gern ein Deo zum Sprühen verwenden möchtest, probiere doch einmal einen Zerstäuber aus. Dieser funktioniert über Druck und braucht keine zusätzlichen Gase. Zudem werden Zerstäuber oft als Glasbehälter verkauft.

Gute Naturkosmetik-Deos gibt es unter anderem von:

Alverde, Weleda, i + m, Speick (erhältlich im dm-drogerie markt)

Alterrra, Lavera (Rossmann)

Terra Naturi (Drogeriemarkt Müller)

Ben & Anna (Unverpacktladen oder online)

HYGIENE UND KOSMETIK

Deocreme kannst du auch selbst mischen:

Das ist mein liebstes Rezept, da es günstig ist und einfach und schnell geht. Auch Freunde von mir, die täglich Sport treiben, sind damit sehr zufrieden.

Rezept:

2 EL Kokosöl
1 EL Natron
1 EL Speisestärke
evtl. ein paar Tropfen ätherisches Öl

Das Kokosöl ist die Basis, die Speisestärke gibt die cremige Konsistenz und bewirkt, dass die Creme nicht »weggeschwitzt« wird. Natron ist der Wirkstoff, es sorgt dafür, dass sich Bakterien nicht vermehren können. Denn diese sind die Ursache dafür, dass der eigentlich geruchlose Schweiß anfängt, unangenehm zu riechen. Durch ein paar Tropfen ätherisches Öl deiner Wahl gibst du deinem Deo einen angenehmen Duft. Eine etwa erbsengroße Menge Deocreme pro Achsel mit den Fingern auftragen.

ZAHNBÜRSTE

Statt einer Plastikzahnbürste kannst du eine aus Holz kaufen, z. B. eine Bambuszahnbürste. Diese gibt es mittlerweile in fast jedem Drogerie- oder Supermarkt. Gute Erfahrungen habe ich mit den Marken Alverde, Chinchilla, HYDROPHIL oder Humble Brush gemacht. Nutzt du eine elektrische Zahnbürste, kannst du die Wechselköpfe immerhin aus pflanzlichem Kunststoff kaufen, z. B. der Marke Tio.

ZAHNSEIDE

Zahnseide besteht leider oft aus Polyester, etwas, was wir weder im Mund noch in der Natur haben wollen. Es gibt einige Marken, die vegane Zahnseide aus Bio-Baumwolle anbieten. Diese ist mit pflanzlichem Wachs versiegelt und enthält ätherische Öle zur Erfrischung. Meist findet sie sich in einem kleinen Glasflakon verpackt, und die Nachfüller erhältst du in einem Papiertütchen. Gute Erfahrungen habe ich mit den Marken Outdoor Freakz (dm-drogerie markt) und Chinchilla (Reformhaus, Bio-Laden oder online) gemacht. Natürlich gibt es plastikfreie Zahnseide auch im Unverpacktladen.

HYGIENE UND KOSMETIK

ZAHNPASTA

Eine tolle Alternative zur Tube ist Zahnpasta in Tablettenform. Die Tabletten werden zerkaut und somit flüssig gemacht. Das Ergebnis schäumt allerdings nicht wie herkömmliche Zahnpasta, das ist aber nicht weiter schlimm. Die Schaumbildner sind nur Zusatzstoffe, an die wir gewöhnt sind, sie haben nichts mit der Reinigungskraft zu tun. Die Zähne werden wie gewohnt mit einer Zahnbürste geputzt.

Naturkosmetik-Zahnpasta (in der Tube) gibt es z. B. von:
Alverde, Lavera, Weleda (erhältlich im Drogeriemarkt)

Zahnpasta im Glas:
Ben & Anna (erhältlich im Biomarkt, Unverpacktladen oder online)

Zahnputztabletten bekommst du etwa von:
Dontodent (dm-drogerie markt), ReVert (online)

WEITERE MÖGLICHKEITEN ZUR ZAHNPFLEGE:

Zahnputzpulver:
Ben & Anna, teethlovers (erhältlich im Unverpacktladen, Reformhaus oder online)

Zahnpasta am Stiel:
Lamazuna (erhältlich im Unverpacktladen oder online)

Ich habe Zahncreme auch schon oft selbst hergestellt. Der einzige Nachteil ist, dass sie bei hohen Temperaturen im Sommer sehr flüssig wird.

> Zutaten für die Zahncreme:
> 1 EL Kokosöl
> 1 TL Kurkumapulver
> 1 Prise Natron
> 1 TL Birkenzucker/Xylit/Xucker
> 3 Tropfen ätherisches Minzöl
> (japanisches Heilpflanzenöl vom dm-drogerie markt)

Zutaten in einem kleinen Schraubglas mischen, durch die Wärme der Hände wird das Öl cremig, und die Zutaten verbinden sich schnell.

Du kannst deine Zahnbürste einfach in die Zahncreme tauchen oder mit einem Löffel eine kleine Menge auftragen. Dann wie gewohnt Zähne putzen.

Kurkuma in der Zahnpasta? Ja genau! Kurkuma wirkt antibakteriell und ist überdies entzündungshemmend. Es soll trotz seiner gelben Farbe aufhellend auf die Zähne wirken. Pass nur auf, deine Kleidung nicht damit zu bekleckern.

Und warum Zucker? Xylit ist kein richtiger Zucker, es schmeckt zwar süß, hat aber keine Kalorien. Die Kariesbakterien verzehren es wie Zucker, können aber keine Energie daraus gewinnen und sterben ab. Daher kommt es auch gleich nochmal in meine selbst gemachte Mundspülung:

HYGIENE UND KOSMETIK

Schenk der Natur ein strahlendes Lächeln – mit Kurkuma & Co!

Mundspülung

Zutaten:

250 ml lauwarmes Wasser
20 g Birkenzucker/Xylit
1 TL Natron
5 Tropfen ätherisches Minzöl (z.B. japanisches Heilpflanzenöl vom dm-drogerie markt)

Tipp: Für die Reise kannst du nur die festen Bestandteile in einem Glas mischen und mitnehmen, vor Ort gibst du Wasser hinzu – fertig. Ein großer Schluck reicht! Ziehe es durch die Zähne, ein paar Sekunden durch deinen Mund und spucke es anschließend aus.

Für mückenfreie Abende ...

Rezept für Mückenspray (100-ml-Sprühflasche):
4 EL Korn (35–40 % Alkoholgehalt)
7–10 Tropfen ätherisches Öl
Wasser

Am besten geeignet sind: Teebaumöl, Lemongras, Pfefferminz, Citronella, Zeder, Nelken, Eukalyptus, Geranium, Lavendel und Rosmarin. Ich verwende am liebsten die reinen ätherischen Öle von Primavera (erhältlich im Reformhaus oder Bio-Laden). Experimentiere bei der Mischung und nimm Düfte, die dir gut gefallen. Ich habe sehr positive Erfahrungen mit Citronella, Teebaum und Pfefferminz gemacht.

Die Zutaten in einer Sprühflasche mischen. Entweder du nimmst eine alte von dir oder kaufst eine neue in der Apotheke. Vor jeder Anwendung musst du den Mückenspray kräftig schütteln und dann aufsprühen.

MÜCKENSPRAY

Mückenspray ist ein Must-Have beim Campen, um vor den lästigen Blutsaugern geschützt zu sein. Für europäische Breitengrade kann er selbst gemacht werden (Rezept siehe S. 142), für einen Aufenthalt in den Tropen hingegen empfehle ich das nicht.

SONNENSCHUTZ

Neben Mückenspray gibt es noch ein weiteres unverzichtbares Produkt, das du für den Aufenthalt im Freien benötigst: Sonnencreme. Es gibt zwei Arten von Sonnencremes, mineralische und chemische bzw. synthetische. Sonnencremes, die synthetische Filter verwenden, erzeugen auf der Haut eine Reaktion, die UV-Strahlen in Wärme umwandelt. Synthetische Filter können in die Haut eindringen und Allergien auslösen. Bestimmte dieser Filter sind außerdem schädlich für Wasserorganismen, insbesondere für Korallen. Das ist natürlich sehr ungünstig, da wir Sonnencreme für das Sonnenbad am Strand oder am See benutzen und damit auch schwimmen gehen.

Mineralische Filter bestehen oft aus Zink oder Titan, diese reflektieren die UV-Strahlung und schützen so die Haut. Diese Cremes hinterlassen meist einen weißen Film auf der Haut, der viele Sonnenanbeter stört. Es gibt inzwischen aber bereits zahlreiche Naturkosmetik-Sonnencremes mit nur leichtem oder nahezu unsichtbarem »Weißeleffekt«.

Einige Sonnencremes, mit denen ich schon sehr gute Erfahrungen gemacht habe, sind:

Boep (erhältlich im dm-drogerie markt)

i + m, sol de ibiza (online)

eco cosmetics (einzelne Bio-Märkte oder online)

So lassen sich Umwelt- und Monatsschutz zusammenbringen.

MENSTRUATIONSPRODUKTE

Diese werden von der Hälfte der Weltbevölkerung benötigt und sollten absolut kein Tabuthema sein. Ich nutze seit vier Jahren eine Menstruationstasse und bin ein großer Fan davon. Besonders praktisch ist, dass sie, anders als Tampons, zwölf Stunden lang getragen werden kann und dabei absolut dicht hält. Danach kannst du sie herausnehmen, ausspülen und wiederverwenden. Am Ende der Periode wird die Menstruationstasse für zehn Minuten in Wasser ausgekocht – das kannst du natürlich auch zwischendurch einmal machen. Die Menstruationstasse hält bis zu zehn Jahre. Mittlerweile gibt es sehr viele empfehlenswerte Marken, die auch in Drogeriemärkten erhältlich sind. Ich habe gute Erfahrungen mit Lady Cup und OrganiCup gemacht. Informiere dich am besten online, welche zu dir passt. Es gibt bei facebook auch Größenberatungsgruppen, oder du kannst deine Frauenärzt*in fragen.

Möchtest du vorerst noch bei Tampons und/oder Binden bleiben, kann ich dir die Marke The Female Company (online erhältlich) sehr empfehlen. Das Unternehmen verkauft seine Produkte, die aus Bio-Baumwolle bestehen, ausschließlich in Papierverpackungen. Außerdem gibt es auch Stoffbinden aus Bio-Baumwolle, die du einfach mit deiner Unterwäsche waschen und wiederverwenden kannst.

Statt Tampons, Binden oder Menstruationstasse kannst du auch Menstruationsschwämmchen benutzen. Diese bestehen aus kleinen Naturschwämmchen, die du ausdrücken und auswaschen kannst.

Ich persönlich liebe auch Menstruationsunterwäsche, die ich zusätzlich zur Tasse oder an leichten Tagen auch allein benutze. Zur Wahl stehen schöne Slips mit Spitze oder aufwendigen Mustern, die im Schritt aus drei dünnen Schichten bestehen. Diese saugen das Blut auf, und du bleibst trocken. Am Abend kannst du die Slips unter kaltem Wasser auswaschen und danach per Hand waschen oder mit in die 30- oder 40-Grad-Wäsche geben. Die Slips halten bis zu fünf Jahre. Ich habe sehr gute Erfahrungen mit der Marke Pourprées (online-Shop) gemacht. Diese enthalten keine Stoffe wie Silber oder Kupfer und werden fair in Frankreich produziert.

FAIRE UND
nachhaltige Kleidung

Viele meiner Lieblingsstücke, die hier im Wind flattern, sind secondhand gekauft.

FAIRE UND NACHHALTIGE KLEIDUNG

Campinggarderobe

Bequem und funktional soll sie sein, die Kleidung, die wir auf unserem Campingtrip tragen, und gefallen soll sie natürlich auch. Wie lassen sich Nachhaltigkeit, Umweltbewusstsein, Wertschätzung und Schutz der Natur auch im Bereich Kleidung realisieren?

Beim Camping tragen wir meist unsere bequemsten Klamotten, vielleicht ist das bei dir ähnlich. Wir brauchen aber auch deutlich öfter wetterfeste Kleidung wie Regenjacken und -hosen, warme Pullover oder Funktionskleidung. Leider bestehen die meisten dieser Stücke aus synthetischen Fasern, die auf Erdöl basieren. Erdöl ist ein endlicher Rohstoff, wie wir wissen, der unter massiven Schäden für die Umwelt gewonnen wird. Zudem sind die Fasern nicht biologisch abbaubar, was die Entsorgung erschwert. Bei jedem Waschgang lösen sich auch hier kleine Plastikpartikelchen, die häufig in die Natur gelangen. Hinzu kommt, dass, wie auch bei herkömmlicher Kleidung, die Näher*innen oft unter unwürdigen Bedingungen arbeiten.

Eine gute und nachhaltige Option ist Outdoorkleidung, die aus recyceltem Plastik, z. B. aus alten Plastikflaschen, hergestellt ist. Das schont die Umwelt, da hier keine neuen Fasern gewonnen werden müssen. Ich würde dir beim Waschen trotzdem die Nutzung des Guppyfriend Washingbags (siehe S. 125) empfehlen!

Plastikfreie und fair produzierte Regenjacken sind etwa:
- The Jacket von JECKYBENG
- LENNE und FREDE von nordwärts

Für Outdoorbekleidung kannst du u. a. hier fündig werden:
- PYUA
- Elkline
- Klättermusen
- VAUDE
- Engel Sports
- Patagonia

Kaufverhalten und secondhand

Outdoorkleidung ist meist sehr kostspielig. Wenn du dir das nicht leisten kannst oder willst, empfehle ich dir, secondhand zu kaufen. Dies ist generell mein liebster Tipp, um an bezahlbare und nachhaltige Kleidung zu kommen. Es gibt so viel gebrauchte Kleidung, was zum einen daran liegt, dass die Modeindustrie mittlerweile Dutzende Kollektionen im Jahr vermarktet, zum anderen, dass wir eigentlich stets zu viel Kleidung kaufen, die wir letztlich weder brauchen noch häufig anziehen. Im Schnitt tragen wir Kleidungsstücke nur noch ein bis drei Jahre – das ist nach einer Untersuchung von Greenpeace gerade einmal die Hälfte der Tragedauer, wie sie noch vor 15 Jahren üblich war.

FAIRE UND NACHHALTIGE KLEIDUNG

Versuche dir vor jedem Kauf eines Kleidungsstücks zu überlegen:

1. *Brauche ich das wirklich?*
2. *Habe ich schon etwas Ähnliches?*
3. *Würde ich es auch für das doppelte Geld kaufen oder lockt mich nur der Preis?*
4. *Passt es mir wirklich gut? Fühle ich mich darin wohl?*
5. *Welche Kleidungsstücke aus meinem Besitz kann ich dazu kombinieren?*

> „Kauft weniger, sucht es sorgfältig aus, lasst es beständig sein."
> — Vivienne Westwood

Ich möchte dich daher anregen, deinen Kleiderkonsum zu hinterfragen – ohne dir ein schlechtes Gewissen machen oder dir Schuld zuweisen zu wollen –, doch ist es mittlerweile normal geworden, als Freizeitbeschäftigung, als Belohnung oder zur Frustbewältigung shoppen zu gehen, nicht nur bei Frauen.

Ich kaufe das Kleidungsstück erst dann, wenn ich mir wirklich sicher bin, dass ich es oft tragen werde, es lange halten wird und ich vieles dazu kombinieren kann. Ich greife mittlerweile zu 90 Prozent auf Secondhandkleidung zurück. Das ist durch das Angebot im Internet sehr einfach. In Online-Shops wie Vinted, momox fashion oder Mädchenflohmarkt findest du alles, wirklich alles! Ich kaufe dort besonders gern Oberbekleidung, aber auch ungetragene Schuhe (die z. B. in der falschen Größe gekauft wurden). Hosen kaufe ich lieber in (realen) Secondhandläden. Wenn ich auf einem Städtetrip bin, schaue ich gern, was es für Läden gibt. In größeren Städten ist das Angebot meist deutlich besser. Um die Geschäfte zu finden, musst du nur bei Google Maps »Secondhandladen« oder »second hand store« eingeben, und dir wird alles angezeigt, was darunter fällt. Aber auch in kleineren Orten gibt es oft Flohmärkte oder Läden wie ReSales, Oxfam, HUMANA, DRK-Kleiderkammern, Caritas-Kleiderläden und Sozialkaufhäuser, wo jeder hingehen darf, auch ohne Bedarfsausweis. Informiere dich am besten vorher über deren Websites.

Ich kaufe lediglich Socken, Unterwäsche und manchmal Schuhe neu. Dabei achte ich darauf, dass sie aus umweltfreundlichen Materialien bestehen und fair produziert wurden.

Siegel

Bei deiner Kaufentscheidung kannst du dich an folgenden Siegeln orientieren:

GOTS
Das Siegel kennzeichnet Kleidung, die aus mindestens 70 Prozent biologischen Naturfasern und Recyclingfasern besteht. Bestimmte Chemikalien sind hier verboten sowie Kinderarbeit, Diskriminierung am Arbeitsplatz und unangemessene Arbeitszeiten. Der gesamte Herstellungsprozess wird berücksichtigt: Rohstoffproduktion, Herstellung, Transport/Handel und Nutzungsphase.

EU ECOLABEL
Mit diesem Siegel werden umweltfreundliche Prozesse auf dem gesamten Produktionsweg zertifiziert. Es kennzeichnet Naturfasern und Kunststofffasern. Hier werden also die Rohstoffproduktion, Herstellung und Nutzungsphase bewertet. Zusätzlich wird die soziale Verantwortung der Unternehmen geprüft.

FAIR WEAR FOUNDATION
Dieses Siegel steht für faire Arbeitsbedingungen bei der Textilproduktion. Es berücksichtigt angemessene Bezahlung sowie angemessene Arbeitszeiten und garantiert, dass keine Kinder- oder Zwangsarbeit stattfindet. Somit wird nur die Herstellung kontrolliert.

OEKO-TEX MADE IN GREEN
Dieses Siegel zertifiziert die umweltfreundliche und sozialverträgliche Produktion. Dabei werden die Herstellung und die Nutzungsphase bewertet.

FAIRTRADE TEXTILE PRODUCTION
Mit diesem Siegel wird bestätigt, dass bei der Produktion keine gefährlichen Chemikalien zum Einsatz kommen. Weiterhin sind Zwangs- sowie Kinderarbeit verboten, und die Arbeitszeit muss angemessen sein. Hier wird also nur die Herstellung zertifiziert. Es gibt auch das Siegel Fairtrade Cotton, hierbei wird nur die Rohstoffproduktion zertifiziert, also eine sozialverträgliche Baumwollproduktion besonders für Kleinbäuer*innen.

Ich habe gute Erfahrungen mit folgenden Shops gemacht:
- avocadostore.de (hier bekommst du viele verschiedene Marken)
- waschbaer.de (ebenfalls viele verschiedene Marken)

MARKEN

Folgende Marken verkaufen faire und nachhaltige Kleidung:

T-Shirts: FUNKTION SCHNITT, Organic Basics, grundstoff

Jeans: ARMEDANGELS, Nudie Jeans

Schuhe: Ethletic, VEJA

Barfußschuhe: Wilding, ZAQQ, VIVOBAREFOOT

Pullover: dariadéh, ARMEDANGELS, JAN 'N JUNE

Wäsche: Comazo, erlich textil, Organic Basics

Rucksäcke/Taschen: Ethnotek, MELAWEAR, GOT BAG

Kinderkleidung (gibt aber auch eine riesige Auswahl secondhand): ALANA, PUSBLU (dm-drogerie markt), People Wear Organic (Alnatura), Orbasics, Hess Natur

Viele der Marken gibt es in diesen Onlineshops: avocadostore.de, greenality.de und waschbaer.de

Der Anbau von Bio-Baumwolle verzichtet auf Agrargifte und schützt die Plantagenarbeiter.

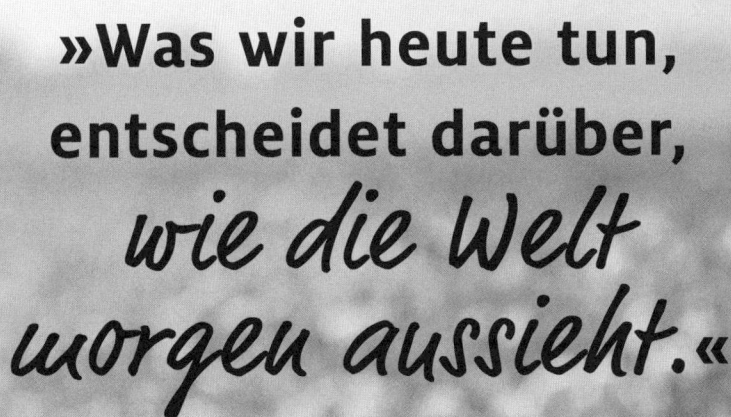

»Was wir heute tun, entscheidet darüber, *wie die Welt morgen aussieht.*«

Marie von Ebner-Eschenbach

Das bedeuten die Sterne und Symbole:
★ ★ ★ ★ ★

Objektive ADAC-Klassifikation der Ausstattung und des Angebots

- Strandnähe
- Schwimmbad
- Kinderfreundlich
- Hunde erlaubt
- Restaurant
- Brötchenservice
- Shopping
- Internet

Nachhaltige Campingplätze

WENN DU BEI DER WAHL DEINES WUNSCH-CAMPINGPLATZES AUF UMWELTVERTRÄGLICKEIT SETZT UND GREEN CAMPING AUCH FÜR DEN ÜBERNACHTUNGSORT GELTEN SOLL, FINDEST DU IN UND AUSSERHALB DEUTSCHLANDS VIELE NACHHALTIG GEFÜHRTE CAMPINGPLÄTZE. SUCH DIR EINEN AUS UND VERBRINGE EINEN WUNDERBAREN URLAUB IM EINKLANG MIT DER NATUR.

Grüne Campingplätze

Die Suche nach Campingplätzen, denen Nachhaltigkeit ein Anliegen ist, fällt nicht schwer. Du kannst zum Beispiel PiNCAMP nutzen, das Online-Campingportal des ADAC. Über die Website kannst du aus über 5000 Campingplätzen nach deinem Wunschplatz suchen und ganz einfach buchen. Dabei helfen dir die Stimmen anderer Camper*innen sowie die jährlichen Inspektionen durch PiNCAMP. Auf den Seiten der einzelnen Campingplätze kannst du sehen, ob die Plätze ECOCAMPING-zertifiziert sind.

ECOCAMPING, die Initiative für ökologisches Campen in Europa, wurde vor über 20 Jahren auf einem Campingplatz am Bodensee ins Leben gerufen. Die Idee dahinter: Camping und Umweltschutz müssen zusammenpassen. Camping ist »Draußen-Tourismus«, daher sind Camper*innen besonders an einer intakten Natur interessiert. Bereits über 200 Plätze sind ECOCAMPING-zertifiziert und auf ecocamping.de zu finden. Im Fokus der Initiative stehen die gemeinsamen Ziele und der Austausch untereinander. Jeder Campingplatz erhält eine kontinuierliche intensive Beratung, die Erfahrungen der einzelnen Plätze werden für alle zugänglich gemacht. Einige der Schwerpunktthemen sind: Abfallvermeidung, Kreislaufwirtschaft, Energieeinsparung, erneuerbare Energien, Klimaschutz und Förderung der Artenvielfalt. Ein paar zertifizierte Plätze möchte ich dir hier vorstellen:

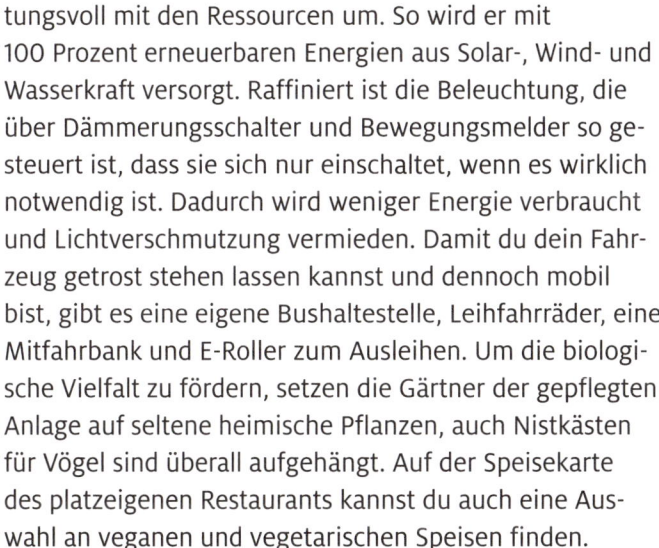

Insel-Camp Fehmarn
(Deutschland, Schleswig- Holstein)

Der Campingplatz auf der Ostseeinsel wird dir gefallen: Er liegt direkt am Strand, bietet viel Komfort und geht dennoch verantwortungsvoll mit den Ressourcen um. So wird er mit 100 Prozent erneuerbaren Energien aus Solar-, Wind- und Wasserkraft versorgt. Raffiniert ist die Beleuchtung, die über Dämmerungsschalter und Bewegungsmelder so gesteuert ist, dass sie sich nur einschaltet, wenn es wirklich notwendig ist. Dadurch wird weniger Energie verbraucht und Lichtverschmutzung vermieden. Damit du dein Fahrzeug getrost stehen lassen kannst und dennoch mobil bist, gibt es eine eigene Bushaltestelle, Leihfahrräder, eine Mitfahrbank und E-Roller zum Ausleihen. Um die biologische Vielfalt zu fördern, setzen die Gärtner der gepflegten Anlage auf seltene heimische Pflanzen, auch Nistkästen für Vögel sind überall aufgehängt. Auf der Speisekarte des platzeigenen Restaurants kannst du auch eine Auswahl an veganen und vegetarischen Speisen finden.

Informationen
★ ★ ★ ★ ★

▸ Zum Meeresstrand 100, 23769 Meeschendorf/Fehmarn, Tel. 043 71/503 00, April–Anfang Okt., GPS: 54.41584999, 11.2441
▪ pincamp.de/SL6270

Natur-Camping Langenwald
(Deutschland, Schwarzwald)

Wenn du eine Auszeit im Grünen suchst, ist dieser Campingplatz genau das Richtige für dich. Er liegt mitten in der Natur, ist umgeben von Wald und wird von einem kleinen Bach durchflossen. Es gibt ein solarbeheiztes Schwimmbad – sehr angenehm, wenn der deutsche Sommer mal wieder nicht ganz so will, wie er soll – sowie einen Naturpfad für Groß und Klein. Da der Platz direkt an einem Wanderwegenetz liegt, kannst du deine Wanderschuhe schnüren, direkt vom Campingplatz aus losmarschieren und die Umgebung erkunden. Wenn du möchtest, kannst du auch an geführten Wanderungen teilnehmen. Weiteres großes Plus: Der Nationalpark Schwarzwald ist nur zehn Kilometer entfernt und kann mit dem Fahrrad oder dem Bus erreicht werden. Die Gäste des Campingplatzes bekommen eine Karte, mit der sie kostenlos die öffentlichen Verkehrsmittel der Region nutzen können, und das eigene Fahrzeug kann einfach stehen bleiben.

Informationen

▶ Straßburger Str. 167, 72250 Freudenstadt, Tel. 074 41/ 28 62, April–Anfang Nov., GPS: 48.45908332, 8.37296667
■ pincamp.de/WB5250

Uhlenköper-Camp
(Deutschland, Niedersachsen)

Eine grüne Perle ist der Platz am Rande der Heidestadt Uelzen, der viel Wert auf Nachhaltigkeit legt. Erfrischung ohne Chlor und chemische Zusätze bietet das Naturschwimmbad, das über eine Pflanzenkläranlage gereinigt wird. Fürs (gesunde) leibliche Wohl sorgt der Bio-Laden auf dem Gelände, in dem viele regionale und ausschließlich Bioprodukte verkauft werden. Wenn du keine Lust zum Selberkochen hast, gibt es am Imbiss der Anlage kleine Gerichte in Bio-Qualität. Die Stromversorgung erfolgt mit Ökostrom, der über eigene Solaranlagen produziert wird. Auch der Müll ist ein wichtiges Thema: Es gibt einen Wertstoffhof am Campingplatz, auf Einwegverpackungen wird verzichtet, und es wird so viel wie möglich in Mehrwegbehältnissen angeboten. Die Freizeitaktivitäten, die das Uhlenköper-Camp veranstaltet, etwa geführte Kanutouren, sind umweltverträglich gestaltet. Neben dem klassischen Zelt- oder Wohnmobil-Camping können auch Öko-Mobilheime sowie Jurten gemietet werden.

Informationen

★★★★☆

▸ Festplatzweg 11, 29525 Uelzen, OT Westerweyhe,
Tel. 05 81/730 44, ganzjährig geöffnet,
GPS: 52.99981667, 10.51543333
▪ pincamp.de/NS5050

Camping Koren
(Slowenien)

Wenn du in Slowenien unterwegs bist, solltest du einen Aufenthalt auf dem Campingplatz Koren in der Nähe von Kobarid im Soča-Tal einplanen. Dieser liegt ganz bezaubernd mitten in der Natur, umgeben von Wald und unweit des Flusses Soča. Hier wird schon sehr lange Wert auf Nachhaltigkeit gelegt, das Ecolabel trägt der Platz seit 2011. Es gibt einen Bio-Laden, außerdem sind Kräuterbeete angelegt, wo sich die Besucher*innen kostenlos bedienen dürfen. Warmes Wasser wird mithilfe von Solarenergie erzeugt, und die Grünanlagen erhalten das kostbare Nass über gesammeltes Regenwasser. Der Platz ist ganzjährig geöffnet und bietet auch die Übernachtung in ökologischen Holzhäusern an. Wenn du Lust auf Bewegung hast: Rund um den Campingplatz lassen sich tolle Wanderungen unternehmen, und Kajaktouren auf dem Fluss sind ebenfalls möglich.

Informationen

★★★★☆

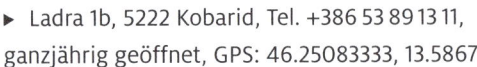

▶ Ladra 1b, 5222 Kobarid, Tel. +386 53 89 13 11, ganzjährig geöffnet, GPS: 46.25083333, 13.5867
■ pincamp.de/SV100

Camping Mexico
(Österreich, Voralberg, Bodensee)

»Campieren am schönen Bodensee« verspricht dieser Platz, und du wirst ihn mögen. Er liegt tatsächlich direkt am See und neben dem Naturschutzgebiet Mehrerauer Seeufer. Hier wird das Thema Umweltschutz groß geschrieben: Bereits seit 2000 wird das Wasser über Solarenergie erwärmt. Die Betreiber*innen achten auf Regionalität und Bio-Qualität der Lebensmittel im Restaurant und Laden. Alles, was nicht regional erworben werden kann, stammt aus fairem Handel. Gereinigt wird auf dem Campingplatz nur mit ökologischen Reinigungsmitteln, Toilettenpapier und Papierhandtücher bestehen aus Recyclingpapier. Ganz im Sinne der Umweltverträglichkeit versuchen die Betreiber*innen Müll zu vermeiden, beim Frühstücksangebot wird etwa auf Kleinstverpackungen verzichtet, es gibt keine Dosen, sondern Pfandflaschen im Verkauf. Der Müll wird auf der platzeigenen Wertstoffinsel sorgfältig getrennt. Möchtest du noch mehr Umwelttipps: Der Campingplatz hält einen Flyer mit allerlei Infos bereit, wie du deinen Urlaub auf dem Gelände so nachhaltig wie möglich gestalten kannst.

Informationen

▶ Hechtweg 4, 6900 Bregenz, Tel. +436 60/703 94 30, Mai–Anfang Okt., GPS: 47.50428333, 9.7128

■ pincamp.de/VB100

Campingplatz CAP-Rotach
(Deutschland, Baden Württemberg)

Ein unvergleichliches See- und Alpenpanorama kannst du genießen, wenn du diesen Campingplatz am Bodensee ansteuerst. Die Innenstadt von Friedrichshafen ist nur wenige Gehminuten entfernt – also das Fahrzeug stehen lassen und Zeppelin-Museum und Co. zu Fuß erkunden. Das Gelände des Platzes ist parkähnlich angelegt, und die schönen alten Bäume werden gehegt und gepflegt. Strom- und Warmwasserversorgung erfolgt mit Solarstrom, zugekauft wird nur Strom aus Wasserkraft. Die Campinganlage hat eine tolle Ökobilanz: Sie spart durch den Einsatz erneuerbarer Energien jährlich über 91 Tonnen CO_2 ein. Außerdem wird auf umweltbelastende Produkte verzichtet und Abfall vermieden. Und das ist längst nicht alles: Der Platz ist nicht nur komplett barrierefrei, sondern ermöglicht im Rahmen eines Inklusionsprojekts auch Menschen mit Handycap eine berufliche Chance, ein Konzept, das sich bereits seit 2003 bewährt hat und dir einen wunderbaren Urlaub beschert.

Informationen

★★★⯪☆

▶ Lindauer Str. 2,
88046 Friedrichshafen,
Tel. 075 41/70 07 77 77,
April–Anfang Nov.,
GPS: 47.64981667, 9.49678332
■ pincamp.de/WB9450

Camping Lindenhof
(Schweiz, Kanton Bern)

Ein beschauliches und naturnahes Campingerlebnis erwartet dich auf diesem kleinen, sehr persönlich geführten Platz am Bielersee. Die Anlage grenzt direkt an den Bauernhof der Gastgeberfamilie, du findest Standplätze unter Schatten spendenden Obstbäumen mit Blick auf die Rebberge – ein absolutes Idyll und beliebtes Ziel auch vieler anderer Camper, also frühzeitg buchen. Seit 2005 ist der Platz ECOCAMPING-zertifiziert, dies war den Gastgebern wichtig, denn sie wollen ihren Beitrag zu Umweltschutz und Nachhaltigkeit leisten und auch ihre Campinggäste dazu animieren, den ökologischen Fußabdruck klein zu halten. Das warme Wasser wird aus Sonnenenergie oder durch Holzfeuer gewonnen. Einkaufen kannst du direkt am Bauernhof oder in zehn Minuten Entfernung mit dem Fahrrad. Paradiesisch für Kinder ist der Naturspielplatz, sodass man die Kleinen wohl kaum zum Spazierengehen am Bielersee überreden kann, eher schon zu einer Umrundung mit dem Fahrrad (ca. 43 km).

Informationen

▶ Mörigenweg 2, 2572 Sutz-Lattrigen,
Tel. +413 23 97 10 77, Anfang Mai–Ende Sept.,
GPS: 47.09373333, 7.21041667

■ pincamp.de/BE1150

Natur Camping Usedom
(Deutschland, Mecklenburg- Vorpommern)

Ein Ort der Ruhe, Entspannung und Naturbegegnung ist der Platz auf der Insel Usedom, nur einen Katzensprung von der Ostsee entfernt und über den gut ausgebauten Fahrradweg schnell zu erreichen. Die Anlage bietet viele Plätze mit Blick aufs Wasser – also Hängematte ausgepackt und entspannen mit Aussicht! Wähle deinen Lieblingsstandplatz – von naturbelassenem Freigelände bis zum Komfort-Standplatz ist für jeden etwas dabei. Der Platz bezieht 100 Prozent Ökostrom und trägt zur Reduzierung der Bodenversiegelung bei. Sollte der breite Sandstrand tatsächlich einmal seine Attraktion verlieren, sorgen drei Abenteuerspielplätze sowie viele Naturerlebnisse für Spiel, Spaß und Unterhaltung der Kinder. Die freundlichen Mitarbeiter*innen sind, wenn du sie brauchst, stets schnell zur Stelle – für die Fortbewegung auf dem Gelände benutzen sie E-Bikes.

Informationen
★★★☆☆

▶ Zeltplatzstr. 20, 17440 Lütow/Insel Usedom,
Tel. 03 83 77/405 81, April–Ende Okt.,
GPS: 54.01133332, 13.85756667
■ pincamp.de/MK3190

Club Camping Jesolo International
(Italien, Venetien)

Dolcefarniente am Sandstrand von Jesolo – das geht, auch ohne die Umwelt zu belasten, und zwar in der klimaneutralen Ferienanlage zwischen Fluss und Mittelmeer. Wenn du Glück hast, beziehst du einen Standplatz mit Blick aufs Wasser und direktem Zugang zum Strand. Umweltschutz beginnt im Jesolo Club bereits im Kleinen, so wird etwa Papier gespart, und die Werbung sowie die Kommunikation mit den Gästen erfolgt ausschließlich online. Um Wasser zu sparen, werden heimische Pflanzen in die Beete gesetzt, die an das südliche Klima angepasst sind und einen geringen Bewässerungsbedarf haben. Zudem sind in den Sanitäranlagen wassersparende Armaturen verbaut, die ebenfalls den Wasserverbrauch reduzieren. Der Club verfügt über eine hochmoderne Pool-Landschaft, die auf Wasserrückgewinnung setzt. Durch die vielen Bäume auf dem Gelände, darunter Pappeln und duftende Pinien, sind die Standplätze angenehm schattig.

Informationen

▶ Viale A. Da Guissano 1, 30016 Lido di Jesolo, Tel. +39 04 21 97 18 26, Mitte Mai–Ende Sept., GPS: 45.48396667, 12.58756667

▪ pincamp.de/VE4550

Camping Moosbauer
(Italien, Südtirol)

Campingurlaub mit Lerneffekt – das findest du am Campingplatz Moosbauer. Dahinter verbirgt sich ein spannendes Konzept: Um den Gästen Südtirol (Sprache, Kultur, Natur, Geschichte, Menschen etc.) und das Thema Klimaschutz und Nachhaltigkeit näherzubringen, werden Lesungen, Vorträge oder Kochkurse veranstaltet, es gibt informative Schautafeln und Schaubeispiele wie etwa Hochbeetgärten und Insektenhotels. Viele Ideen in Sachen Nachhaltigkeit sind hier bereits umgesetzt. So kommt etwa energieeffiziente Technik und Wasserspartechnik zum Einsatz.

Um den Platz naturnah zu gestalten, werden Fassaden begrünt, es gibt Nistkästen für Vögel und eine Urban Gardening Lounge. Den Gästen steht auf dem Parkplatz eine Elektroladestation zur Verfügung. Beim Einkaufen im kleinen Laden findest du saisonale, regionale und Bio-Lebensmittel. Statt Einwegflaschen steht ein Wasserspender zur Verfügung, der sowohl stilles als auch Sprudelwasser in wiederverwendbare bzw. eigene Flaschen füllt. Vielleicht nimmst du von den vielen Ideen die ein oder andere Anregung mit nach Hause ...

Informationen

★★★★★

▶ Meraner Str. 101, 39100 Bozen, Tel. +39 04 71 91 84 92, ganzjährig geöffnet, GPS: 46.50335, 11.29953333

■ pincamp.de/ST2500

Camping Wirthshof
(Deutschland, Baden-Württemberg)

Der familiär geführte Campingplatz ist zum Wohlfühlen und zeigt, dass Genuss und Nachhaltigkeit kein Widerspruch sind. Er liegt mitten im Grünen, und unter den vielen Bäumen findest du sicher ein schattiges Plätzchen. Das Angebot im Laden besteht aus regionalen und saisonalen Produkten, in einer kleinen Unverpackt-Ecke kannst du die Lebensmittel in deine mitgebrachten Behälter füllen. Spannende Freizeitangebote für Groß und Klein vermitteln Bewusstsein für die Natur so ganz nebenbei. Im Restaurant auf dem Gelände wird mit frischen regionalen Zutaten gekocht, auch wenn du vegetarisch oder vegan lebst, wirst du fündig. Das Wasser wird mit Solarenergie erwärmt, und auf korrekte Mülltrennung wird großer Wert gelegt. Hast du Lust auf Wellness? Dann ab in die Biosauna! Oder wie wäre es mit einer Massage oder Körperbehandlung mit zertifizierter Naturkosmetik. Wenn du dich schließlich aus den verwöhnenden Händen lösen kannst, ist es Zeit, die Bodenseeregion zu erkunden – ohne Auto, zu Fuß oder mit dem Fahrrad durch die wunderschöne Landschaft.

Informationen

★ ★ ★ ★ ★

▸ Steibensteg 10, 88677 Markdorf, Tel. 075 44/962 70, Mitte Januar–Mitte Dez., GPS: 47.71503332, 9.40925

■ pincamp.de/WB7600

Camping Liefrange
(Luxemburg)

Der Campingplatz im Naturpark Obersauer verspricht ein wunderbares Naturerlebnis. Möchtest du wandern, dann ab in die Luxemburger Ardennen! Möchtest du baden, dann hinein in den nahen Obersauer Stausee! Herrlich sind die uralten Bäume auf dem Gelände, das mit vielen Hecken und Büschen naturnah gestaltet ist. Die Parzellen sind so angeordnet, dass keine Vegetation weichen musste. Die Mitarbeiter*innen sind, wenn sie von einem Ende des Platzes zum anderen müssen, mit E-Fahrzeugen unterwegs. Ein Shuttleservice holt Gäste, die ohne eigenes Fahrzeug reisen, am Bahnhof ab. Das Wasser wird mit Solarenergie erwärmt, bis 2023 soll ein Eco-Sanitärgebäude errichtet werden. Selbstverständlich sind auch Mülltrennung und die Verwendung umweltverträglicher Reinigungsmittel. Wenn du aktiv werden möchtest, kannst du dir Mountain- oder E-Bikes ausleihen. Bist du gern auf dem Wasser, gibt es auch Kajaks und SUP Boards.

Informationen

▸ Haaptstrooss 14a,
9665 Léifreg,
Tel. +35 22 68 88 81,
ganzjährig geöffnet,
GPS: 49.91133, 5.8743
▪ pincamp.de/LU_231120

Camping Kovačine
(Kroatien, Insel Cres)

Sonne, feiner Kiesstrand, tiefblaues klares Wasser – dem Urlaubsvergnügen steht nichts im Weg. Der Campingplatz auf der Insel Cres wird dir gefallen, ebenso wie das nahe gelegene gleichnamige Fischerstädtchen Cres, das mit seinem venezianischen Stadtkern bezaubert. Auf dem Campingplatz spenden Olivenbäume und Pinien duftigen Schatten. Es wird ausschließlich Ökostrom verwendet, die Sanitäranlagen werden außerdem mit Solarenergie betrieben. Die Wasserqualität vor der Insel unterliegt einer regelmäßigen Kontrolle – du kannst also unbesorgt ins kühle Nass springen. Auch der Strand ist sehr sauber, was den Campingplatzbetreiber*innen am Herzen liegt. Hast du genug vom Strandleben, kannst du an organisierten Wanderungen und Fahrradtouren teilnehmen, es gibt auch Boote und Kanus zum Ausleihen. Eine schöne Idee sind die Blütenwanderungen und Bio- und Öko-Touren, um die heimische Flora und Fauna kennenzulernen.

Informationen

▸ Melin I/20, 51557 Cres,
Tel. +385 51 57 31 50, Ende März–Mitte Okt.,
GPS: 44.96293333, 14.39698333

■ pincamp.de/HR2000

Saksida Wine and Camping Resort
(Slowenien, Vipava-Tal)

Lust auf ein kleines Naturparadies? Zwischen sanft hügeligen Weingärten schmiegt sich der Campingplatz rund um das Landgut Saksida im Vipava-Tal – die Lage im Grünen könnte kaum idyllischer sein. Am besten kommst du zur Traubenlese im September! Das Landgut stellt seine eigenen Weine her, du kannst sie kaufen oder im Restaurant probieren, wo es traditionelle Küche mit regionalen Zutaten gibt. Das umgebende Hügelland lädt zu Wanderungen und Fahrradtouren ein. Falls dir die Hügel zu steil sind, kannst du ein E-Bike ausleihen. Ist eher das Wasser dein Element: Die umliegenden Flüsse bieten sich perfekt zum Wassersport an. Auch in Sachen Umweltschutz engagiert sich das Gut. So verfügt es über eine eigene Solarwärmeerzeugung, gestaltet die Anlage naturnah, setzt Wassersparttechnik ein und reduziert die Versiegelung der Böden.

Informationen

▸ Zaloščе 12a, 5294 Dornberk
Tel: +386 53 01 78 53, Mitte März–Ende Dez.,
GPS: 45.890044, 13.748318
▪ pincamp.de/Pin_232291

Campingpark Kalletal
(Deutschland, Thüringen)

Der Campingpark im Weserbergland direkt am Stemmer See ist ein Wohlfühlplatz. Wenn du dir erholsame Tage in der Natur wünscht, dann nichts wie hin! Vielleicht erwischt du sogar einen Standplatz mit Seeblick. Faule Strandtage, herrliche Spaziergänge und Wanderungen – alles ist möglich. Der Platz ist naturnah gestaltet und mit vielen Hecken und Büschen begrünt. Er bezieht seinen Strom aus 100 Prozent erneuerbaren Energien und bittet alle Gäste, biologisch abbaubare WC-Zusätze und umweltverträgliche Putz- und Waschmittel zu verwenden. Warmes Wasser wird weitestgehend mit eigenen Solaranlagen und einer Holzpelletheizung erzeugt. In den Sanitäranlagen wurden Selbstschlussarmaturen installiert. Zudem wird viel Wert auf Mülltrennung gelegt. Hast du während deines Strandtags Hunger, gibt es am See einen kleinen Bistro-Wagen, der auch vegetarische und vegane Gerichte anbietet und klimaneutrale Verpackungen verwendet. Für die Sportlichen: Am Platz können E-Bikes, Fahrräder und SUP-Boards ausgeliehen werden.

Informationen

▶ Seeweg 1, 32689 Kalletal,
Tel. 05 75 54 44, Ende März–Anfang Nov.,
GPS: 52.17571667, 8.99886667

■ pincamp.de/RW1330

Verhalten in der Natur

DIE BEGEGNUNG MIT DER NATUR STEHT FÜR VIELE CAMPER*INNEN GANZ OBEN AUF DER URLAUBSWUNSCHLISTE. DAMIT DER AUFENTHALT IN DER NATUR, DIE RAST IM GRÜNEN, DER STRANDTAG ODER DIE WANDERUNG QUERFELDEIN KEINE SPUREN HINTERLASSEN, SOLLTEST DU DICH NATURVERTRÄGLICH VERHALTEN. DAS GILT VOR ALLEM AUCH FÜR WILDES CAMPEN, DER TRAUM VIELER CAMPER*INNEN VON FREIHEIT UND NATURNÄHE.

NATUR-
VERTRÄGLICHER
Aufenthalt

Abseits der Campingplätze: Verhaltensregeln

Es gibt natürlich auch die Möglichkeit, sich abseits von Campingplätzen ein hübsches Fleckchen in der Natur zu suchen. Das ist nicht überall erlaubt, und ich empfehle dir dringend, nicht nur die Regeln der jeweiligen Länder, sondern auch der Anwohner*innen, Förster*innen oder der zuständigen Gemeinde zu respektieren.

Wildcampen mit einem Fahrzeug ist in Deutschland verboten, wenn du erwischt wirst, kann dir ein hohes Bußgeld drohen. Erlaubt ist lediglich, eine Nacht im Wohnmobil oder Campervan zu schlafen, um die Fahrtüchtigkeit wieder herzustellen. Dabei wird von etwa zehn Stunden Aufenthalt ausgegangen, und als Standort sind in der Regel Raststätten und Parkplätze gemeint. In der Natur darfst du trotzdem nicht stehen. Das ist schade, hat aber seine Berechtigung, denn durch bekannte Stellplatzsuche-Apps haben leider schon viele schöne Plätze Schaden genommen.

VERHALTENSREGELN

Mit etwas Glück findest du vielleicht einen Ort, wo Campervans und Wohnmobile geduldet werden. Mit ein paar simplen Verhaltenregeln bleiben diese Plätze für alle möglichst lange erhalten. Diese gelten natürlich auch, wenn du nur tagsüber eine Rast einlegst und nicht übernachtest.

Die Natur dankt es dir, wenn du sie pfleglich behandelst.

1. Wildes Campen in Naturschutzgebieten ist absolut tabu!
2. Musst du draußen ein Geschäft verrichten? Vergrabe es und nimm dein Toilettenpapier wieder mit.
3. Es sollte eigentlich selbstverständlich sein, soll hier aber trotzdem noch einmal erwähnt werden: Lass keinen Müll liegen.
4. Verlasse nie die vorhandenen Wege.
5. Sind schon einige Fahrzeuge vor Ort, fahre am besten weiter. Ein paar wenige Fahrzeuge werden in der Regel eher geduldet als zehn Camper auf einmal.
6. Mach nur an dafür speziell gekennzeichneten, erlaubten Stellen ein Feuer. Jeder weiß, wie romantisch ein Lagerfeuer ist, es kann aber im schlimmsten Fall zu Waldbränden führen oder eben dazu, dass schöne Plätze gesperrt werden.
7. Das Gleiche gilt für das Grillen. Es ist in der freien Natur ebenfalls verboten und sollte besonders im Sommer nur an eigens vorgesehenen Stellen oder auf Campingplätzen stattfinden.
8. Verlasse den Platz am besten sauberer, als du ihn vorgefunden hast.

Wildcampen light

Wenn du mit deinem Campervan in der freien Natur übernachten möchtest, kannst du dir auch einen Stellplatz bei https://campspace.com oder https://mycabin.eu suchen. Hier stellen Menschen ihre Gärten, ein privates Waldstück oder eine Wiese gegen kleines Geld zum Campen zur Verfügung.

ANDERE LÄNDER, ANDERE SITTEN

In vielen Ländern Europas wird das wilde Campen ähnlich restriktiv gehandhabt wie in Deutschland, das gilt vor allem auch für die beliebten südeuropäischen Reiseziele wie Italien, Spanien und Portugal. In einigen Ländern Europas ist Camping in der freien Natur hingegen wenigstens teilweise möglich. Um auf Nummer sicher zu gehen, informiere dich aber am besten vor deiner Reise nochmals über rechtliche Vorgaben. Und nicht vergessen: Natürlich gelten auch dort, wo wildes Campen erlaubt oder zumindest geduldet wird, die genannten Verhaltensregeln (S. 182)!

In Albanien darfst du außer in Nationalparks und Naturschutzgebieten mit deinem Wohnmobil in der freien Natur stehen.

In Estland, Lettland und Litauen darfst du deinen Campervan auf nicht bewirtschaftetem Land außerhalb von Naturschutzgebieten abstellen.

In Finnland gilt das »Jedermannsrecht«, hier darfst du außer an Badestränden, in Naturschutzgebieten oder Nationalparks in der Natur wildcampen. In Schweden und Norwegen gilt dieses Recht ebenfalls, allerdings nur für nichtmotorisierte Camper*innen.

In England, Wales und Schottland befindet sich ein Großteil des Landes in Privatbesitz. Die Bevölkerung soll gegenüber Wildcamper*innen sehr tolerant sein. Fragst du bei den Grundstücksbesitzer*innen freundlich nach, darfst du an vielen Stellen frei stehen.

Wild Campen ist in Rumänien offiziell erlaubt, die einzige Ausnahme sind Naturschutzgebiete und Flächen mit einem konkreten Verbot, z. B. an manchen Waldstücken, die etwa Bären als Lebensraum dienen. An diese Vorgaben solltest du dich unbedingt halten.

Ebenfalls erlaubt ist das Abstellen des Campingfahrzeugs in der freien Natur in der Ukraine, du solltest dich lediglich von Nationalparks und Grenzübergängen fernhalten.

Müll sammeln

Die Anregungen im folgenden Abschnitt sind nicht nur für Fortgeschrittene in Sachen Nachhaltigkeit oder besonders Hartgesottene gedacht, sondern können von allen, denen die Unversehrtheit der Natur wichtig ist, beherzigt werden. Was machst du, wenn es dich ärgert, dass an deinem Stellplatz oder am Strand so viel Müll liegt? Ich sammle ihn auf. Bestimmt nicht alles, aber gerade leere Kaffeebecher, Tüten, Folien, Stifte etc. können schnell bis zum nächsten Mülleimer mitgenommen werden.

Was das bringen soll, fragst du dich? Naja, ändern wird sich am Wegwerfverhalten mancher unserer Mitmenschen so schnell nichts, außer die Verursacher*innen des Mülls sehen dich dabei und schämen sich vielleicht. Bleibt der Müll aber liegen, landet er am Ende in unseren Flüssen, Meeren und Böden und so auch in unserem Essen. Das möchte wirklich keiner!

Gerade wenn du an einem besonders schönen Platz in freier Natur stehst und gern hättest, dass du diesen auch nächstes Jahr noch besuchen kannst (und er noch nicht wegen Fehlverhaltens anderer gesperrt wurde), lohnt es sich, etwas von dem möglicherweise vorhandenen Müll aufzusammeln. Wenn du Platz in deinem Fahrzeug hast, kannst du auch einen Müllgreifer mitnehmen, so musst du die weggeworfenen Dinge auch nicht anfassen. Es scheint ein ungeschriebenes Gesetz zu geben, dass dort, wo schon Müll liegt, die Hemmschwelle sinkt und noch mehr Müll zurückgelassen wird. Schaffen wir es also, einen Teil des Mülls zu sammeln und zu entsorgen, brechen wir vielleicht an dem ein oder anderen Ort diesen Teufelskreis.

NATURVERTRÄGLICHER AUFENTHALT

Zum Thema Müll möchte ich noch ein schönes Erlebnis einer Müllsammelaktion am Strand mit dir teilen. Mein Freund und ich hatten in einer kleinen Bucht in Italien in der Nähe von Genua einen Badetag eingelegt und waren mit Taucherbrille und Schnorchel im Meer unterwegs. Wir lieben das und beobachten dabei gern das Leben am Meeresgrund. Gerade in Strandnähe hatten wir aber das Gefühl, hauptsächlich Plastik und keine Fische zu sehen. Am nächsten Tag brachten wir einen Beutel mit und sammelten beim Tauchen alles auf, was an Plastikteilen im Wasser schwamm. Nach wenigen Minuten war der Beutel  voll. Natürlich blieb unser Tun nicht unbeobachtet. Es dauerte nicht lange, da fischte ein Mann, der in der Nähe des Wassers saß, eine große Plastikfolie aus dem Meer und entsorgte sie im Mülleimer, der am Strand aufgestellt war. Dann lächelte er uns an. All die Badenden, die uns gesehen haben, hatten den Müll vielleicht schon ausgeblendet, weil sein Anblick leider schon so normal geworden ist. Durch unser Müllsammeln haben wir zumindest einige von ihnen wieder sensibilisiert.

„Die Welt verändert sich durch dein Vorbild, nicht durch deine Meinung."

Paulo Coelho

Das Fahrzeug auch mal stehen lassen

Auf Reisen haben wir schon oft unseren Campervan abseits der Ortschaften abgestellt und sind entweder zu Fuß, mit den Fahrrädern, den Longboards oder mit öffentlichen Verkehrsmitteln weitergefahren. Meist ist es in Städten sowieso kein Vergnügen, durch oftmals schmale oder auch verstopfte Straßen zu fahren, um einen Parkplatz zu finden. Durch das Stop-and-go wird viel Sprit verbraucht und die Luft in den Städten noch schlechter. Wir finden es viel angenehmer, die Orte ohne Auto zu erkunden. Dabei sieht man meist auch mehr und ist näher an den Menschen.

Viele Städte verfügen über Park-and-Ride-Parkplätze außerhalb der Innenstadt, von denen du mit öffentlichen Verkehrmitteln weiterfahren kannst. Alternativ kannst du dir aber auch, etwa mithilfe von Stellplatzapps, einen kostenlosen Parkplatz für den Tag suchen.

Auf unserer Reise durch Nordfrankreich beispielsweise waren wir in Sachen Parken besonders clever. Wir wollten uns gern den Klosterberg Mont-Saint-Michel anschauen, wussten aber auch, dass dieser ein absoluter Touristenmagnet ist und die Parkplätze davor nicht nur voll, sondern auch sehr teuer sind. Wir haben uns also etwas abgelegen einen Parkplatz gesucht und unsere Klappfahrräder ausgepackt. Mit diesen sind wir zum nahe gelegenen Radweg gefahren und bis kurz vor den Mont-Saint-Michel geradelt. Das letzte

NATURVERTRÄGLICHER AUFENTHALT

Raus aus dem Auto und rein in die Natur!

„Alle wollen zurück zur Natur. Aber keiner zu Fuß."
Werner Mitsch

Stück dürfen Besucher sowieso nur zu Fuß oder mit einem Shuttlebus zurücklegen. So haben wir uns viele Nerven und Kosten gespart.

Geschafft!

Du hast dich durch alle Tipps zu nachhaltigem Camping durchgearbeitet. Nun hast du alles Wissen, das du brauchst, um deinen nächsten Urlaub ökologischer zu gestalten. Du wirst sehen, dass es gar nicht schwer ist, sondern sogar Spaß macht, befreiend ist und dir an der einen oder anderen Stelle Geld spart. Ich freue mich natürlich sehr, wenn du auf deinem nächsten Ausflug tolle Gewohnheiten entwickelst, die du auch im Alltag beibehalten kannst. Du wirst sicher nicht alles auf einmal umsetzen können, schreib dir doch die für dich einfachsten Dinge auf und arbeite dich Punkt für Punkt voran. Erwarte nicht zu viel von dir, das führt nur zu Frustration oder dazu, dass du es ganz sein lässt. Wie schon oft in diesem Buch erwähnt: Jeder Schritt zählt!

Viel Spaß beim Green Camping!

Register

Abwasser 117
Abwassertank 74, 117
Acryl 125
Allzweckreiniger 123
Alternativprodukte 91
Armaflex 39
Ausbau 30
Ausstattung 56

Bäcker 86
Backwaren 86
Batterie 34
BDIH-Siegel 131
Bienenwachstücher 105
BioLite Campstove 61
Biomüll 109
Bio-Spülmittel 119
Blauer Engel 36
Bollerwagen 65
Bratkartoffeln 99
Brennstoffzellen 42
Brotbeutel 86
Brotboxen 105
Burrito Bowl 102

Campervan mieten 68
Campervan vermieten 68
Campingdusche 52
Campinggarderobe 149
Campinggeschirr 64
Campingküche 58
Campinglampe 67
Campingstühle 65
Campingtische 65
Campingtoilette 50
Campingzubehör 62
Chemietoilette 50
Chili sin Carne 99
Conditioner 135
Curry 98

Dachfenster 49
Dämmstoff 39
Dämmung 39
Deocreme 137

Deodorant 136
Drehzahl 77
Duschgel 132
Duschvorhänge 53

ECOCERT 131
Edelstahlbrotboxen 105
Edelstahlfilter 104
Edelstahlgeschirr 64
Edelstahlstrohhalme 106
Edelstahltrinkflasche 112
Einkaufen 78
Einkaufszettel 107
Einsparungsmöglichkeiten 74
Einwegpaletten 40
Einwegplastikflaschen 111
Emaillegeschirr 64
Energieversorgung 42
Essigessenz 120
Essigreiniger 120
EU Ecolabel 36, 153

Fahrradträger 74
Fahrtüchtigkeit 180
Fahrzeugkauf 24
Fahrzeugmodell 28
Fairtrade Textile Production 154
Fair Wear Foundation 153
Farben 36, 38
Fensterreiniger 120
Feste Shampoos 135
Fleischlose Küche 90
French Press 104
Frischwassertank 74
FSC-Siegel 40
Funktionskleidung 149

Gasanlage 58
Gasflaschen 58
Gaskartuschen 58
Gebrauchtkauf 62
Gebrauchtwagencheck 28

Gebrauchtwagenkauf 28, 29
Gelber Sack 109
Gemüsenetze 81
Gemüsepfanne mit Reis 94
Generatoren 42
Gesamtgewicht 32, 74
Geschwindigkeit 77
Glascontainer 109
Glasstrohhalme 106
Grillschalen 67

Holz 40
Holzkohlegrill 67
Hygiene 128

Induktionsplatten 59
Isoliermatten 49

Jutebeutel 81

Kaiflex 39
Kartoffelsalat 100
Kaufentscheidung 28
Kaufverhalten 150
Kidneybohnen-Erdnuss-Eintopf 103
Kläranlage 117
Klärschlamm 117
Kleber 36, 38
Kleidung 146
Klimaanlage 48, 76
Kochen 78
Kocher 58
Kochplatten 58
Korkplatten 34
Körperpflege 130, 132
Kosmetik 128
Kraftstoff 75
Kraftstoffverbrauch 76, 77
Kraftstoffzufuhr 75

Lacke 36, 38
Lebensmittel 80

REGISTER

Lebensmittelverschwendung 106, 107
Lebensmittelvorräte 87
Leergewicht 32
Leinöl 38, 40
Leitungswasser 111
Linsendal 95
Linsensuppe 94
Lotusgrill 67

Marken 155
Materialien 33, 36
Materialwahl 32
Mehrwegflaschen 111
Menstruationsprodukte 145
Menstruationsschwämmchen 145
Menstruationstasse 145
Menstruationsunterwäsche 145
Mikroplastik 119, 125, 132
Milchprodukte 92
Mindesthaltbarkeitsdatum 106
Mückenspray 142, 143
Müll 80, 104, 184
Müllsammelaktion 185
Müll sammeln 184
Müllsparpotenzial 80
Mülltrennung 108
Mundspülung 141

Nachhaltig kochen 90
NATRUE-Siegel 131
Naturkosmetik 130
Naturkosmetik-Seife 132

Obstnetze 81
OEKO-TEX Made in Green 154
Öffentliche Verkehrsmittel 186
Ohrlöffel 135
Ohrschlinge 135
Ökologische Toilette 50
Ökostrom 48, 59
Oldtimer 28
Omnia 61
Omnia-Kuchen 97
Omnia Ofengemüse 97

Omnia-Pizza 96
Outdoorkleidung 150
Outdoorküchenmodule 65
Outdoormöbel 65

Packen 72
Papiertonne 109
Park-and-Ride-Parkplätze 186
Peeling 134, 135
Photovoltaikanlage 45
Picknickdecke 65
Polyester 125
Putzen 114
Putzmittel 120
Putzmitteltabs 123

Rasierer 134
Rasierhobel 134
Rasierklinge 134
Reifendruck 76
Restmülltonne 109
Rezepte 90
Rostbehandlung 38
Rostumwandler 38
Rucksack 67

Saisonkalender 82
Sauberkeit 114
Schlafsack 66
Schwämme 119
Secondhandkleidung 152
Secondhandläden 152
Seife 132
Seifendose 133
Seifensäckchen 133
Shampoo 135
Siegel 131, 153
Solardusche 52
Solarenergie 43
Solarkocher 61
Solarladeregler 45
Solarpaneel 43
Solartasche 43
Solarzelle 45
Sonnencreme 143
Sonnenschutz 143
Spirituskocher 59
Sprit 75
Spülmittel 118, 119
Spülseife 119

Spültücher 119
Spülung 135
Standheizung 76
Stoffkaffeefilter 104
Strom 42
Stromversorgung 42
Supermarkt 80
Synthetischen Stoffe 125

Tagesdecken 65
Tee 105
Tee-Ei 105
Tragbare Dusche 53
Transporter 27
Trinkwasser 111
Trinkwasserkanister 111
Trockentrenntoilette 50, 51

Unverpackte Lebensmittel 80
Unverpacktläden 86
Urinabscheider 51

Vegane Alternativprodukte 91
Vegane Milchprodukte 92
Vegane Steaks 100
Vegane Wachstücher 105
Ventilator 49
Verzehrdatum 107

Waschmittel 124
Wasserfilter 111
Wasserfilteranlage 111
Wassersprudler 111
Wattestäbchen 135
Wildcampen 180, 183
Windkraft 43
Windrad 43
Wochenmärkte 80
Wochenplan 107

Zahnbürste 138
Zahncreme 140
Zahnpasta 139
Zahnseide 138
Zero Waste 104
Zitronensäurepulver 123

191

IMPRESSUM

© 2021 GRÄFE UND UNZER VERLAG GmbH,
Postfach 860366, 81630 München

ISBN 978-3-95689-929-4

1. Auflage 2021

Alle Rechte vorbehalten. Nachdruck, auch auszugsweise, sowie Verbreitung durch Film, Funk, Fernsehen und Internet, durch fotomechanische Wiedergabe, Tonträger und Datenverarbeitungssysteme jeglicher Art nur mit schriftlicher Genehmigung des Verlags.

Autorin: Svenja Preuster
Verlagsredaktion: Nadia Terbrack
Lektorat und Projektmanagement:
Beate Martin
Satz: Nadine Thiel, kreativsatz
Bildredaktion: Dr. Nafsika Mylona
Schlusskorrektur: Ulla Thomsen
Herstellung: Mendy Willerich
Repro: Repro Ludwig, Zell am See
Druck und Bindung: Drukarnia Dimograf, Sp z o.o. (Polen)

Ein Unternehmen der
GANSKE VERLAGSGRUPPE

Wichtiger Hinweis
Die Daten und Fakten für dieses Werk wurden mit äußerster Sorgfalt recherchiert und geprüft. Wir weisen jedoch darauf hin, dass diese Angaben häufig Veränderungen unterworfen sind und inhaltliche Fehler oder Auslassungen nicht völlig auszuschließen sind, zumal zum Zeitpunkt der Drucklegung die Auswirkungen von Covid-19 auf das Hotel- und Gastgewerbe vor Ort noch nicht vollständig abzusehen waren. Für eventuelle Fehler oder Auslassungen können Gräfe und Unzer sowie deren Mitarbeiter:innen und die Autorin keinerlei Verpflichtung und Haftung übernehmen.

Ansprechpartner für den Anzeigenverkauf:
KV Kommunalverlag GmbH & Co. KG,
MediaCenter München, Tel. 089/928 09 60

Bei Interesse an maßgeschneiderten B2B-Produkten: roswitha.riedel@graefe-und-unzer.de

Leserservice
GRÄFE UND UNZER Verlag
Grillparzerstraße 12
81675 München
www.graefe-und-unzer.de

Umwelthinweis

Alle CO$_2$-Emissionen, die bei der Umsetzung dieses Buches entstanden sind, wurden erfasst und durch ein anerkanntes Klimaschutzprojekt ausgeglichen.

Umwelthinweis
Dieses Buch ist auf PEFC-zertifiziertem Papier aus nachhaltiger Waldwirtschaft gedruckt.

Bildnachweis: Alle Bilder stammen von der Autorin, außer: Alamy Stock Photo: Marc Weiler 172; Camping Koren 164; Camping Lindenhof 167; Camping Mexico 165; Camping Moosbauer 170; Campingpark Kalletal 175; Camping Wirthshof 171; Club Camping Jesolo International 169; Getty Images 76, 158/159; Inselcamp Fehmarn 161; Natur-Camping Langenwald 162; Natur Camping Usedom 168; picture alliance: beyond 176/177; Saksida Wine and Camping Resort 174; Shutterstock 12/13, 22/23, 82, 83, 122, 126/127, 132, 156/157, 160, 173; stock. adobe.com 2/3, 17 u., 77, 166; Weltwinkel Fotografie Arek Marud 163